Patu kohta, õiguse kohta ja kohtu kohta

„Ja kui Ta tuleb, siis Ta toob maailmale selguse patu kohta ja õiguse kohta ja kohtu kohta…"

(Johannese 16:8)

Pühaduse ja väe seeriad (Sissejuhatus 1)

Patu kohta, õiguse kohta ja kohtu kohta

Kahenädalane spetsiaalne äratusjutluste seeria - 1

Dr. Jaerock Lee

Patu kohta, õiguse kohta ja kohtu kohta Autor: Dr Jaerock Lee
Kirjastaja: Urim Books (Esindaja: Johnny. H. Kim)
73, Yeouidaebang-ro 22-gil, Dongjak-gu, Seoul, Korea
www.urimbooks.com

Autoriõigusele allutatud. Seda raamatut või selle osasid ei ole lubatud kirjastaja kirjaliku loata mingil kujul reprodutseerida, otsingusüsteemis säilitada ega edastada mingil kujul ega mingite elektroonsete, mehaaniliste vahenditega sellest fotokoopiaid ega salvestusi teha ega seda mingil muul viisil edastada.

(Piiblitsitaadid: Piibel, Tallinn, 1997 – Eesti Piibliseltsi väljaanne; www.piibel.net)

Autoriõigus © 2016 – Dr Jaerock Lee
ISBN: 979-11-263-1178-1 03230
Tõlke autoriõigus © 2013 2013 – Dr Esther K. Chung. Kasutatud autori loal.

Esmaväljaanne – detsember, 2023

Eelnevalt kirjastatud korea keeles – 2011
Kirjastaja: Urim Books, Söul, Korea

Toimetaja: Dr. Geumsun Vin
Tõlkija: Tiina Wilder
Kujundus: Urim Books kujundusgrupp
Lisateabeks võtke ühendust: urimbook@hotmail.com

Autori märkus

Paludes, et lugejad võiksid saada õiglasteks inimesteks, kes võtavad vastu Jumala suure armastuse ja õnnistused...

Kui suur reformija Martin Luther oli noor, koges ta midagi traumaatilist. Ühel päeval, kui ta seisis sõbraga puu all vihmavarjus, lõi välk puusse sisse ja tema kõrval seisnud sõber suri. Selle sündmuse tõttu sai Lutherist munk ja ta kartis Jumalat, kes mõistab kohut ja taunib pattu. Isegi kui ta veetis kaua aega pihil, ei suutnud ta patuprobleemile lahendust leida. Hoolimata sellest, kui palju ta õppis Piiblit tundma, ei leidnud ta vastust küsimusele: „Kuidas saab ebaõiglane inimene olla õiglasele Jumalale meeltmööda?"

Siis ühel päeval leidis ta ühte Pauluse kirja lugedes rahu, mida ta oli nii suurt vaeva nähes otsinud. Roomlastele 1:17 öeldakse: „Sest Jumala õigus on ilmunud evangeeliumis usust usku, nii nagu on kirjutatud: „Aga õige jääb usust elama." Luther sai ilmutuse „Jumala õiguse" kohta. Kuigi ta oli selle hetkeni teadlik ainult kõigi inimeste üle kohut mõistva Jumala õigusest, sai ta siis aru Jumala õigusest, mis andestab vastutasuta iga Jeesust Kristust uskuva inimese patu ja Ta kutsub neid isegi „õigeteks". Pärast sellest aru saamist elas Luther kustumatu innuga tõe järele.

Sel viisil ei tunnista Jumal vaid Jeesusesse Kristusesse uskujaid „õigeteks", vaid Ta annab neile ka Püha Vaimu anni, et nad teaksid patust, õigusest ja kohtust ja et nad võiksid Jumalale vabatahtlikult kuuletuda ja Tema tahet täita. Seega ei peaks me lihtsalt peatuma Jeesuse Kristuse vastuvõtmise ja endi õigeks kutsumise juures. Väga oluline on saada tõesti õiglaseks inimeseks Püha Vaimu abil meis olevast patust ja kurjusest vabanemise teel.

Viimase 12 aasta jooksul on Jumal lasknud meie koguduses igal aastal kahenädalasel spetsiaalsel äratusel toimuda, et iga koguduseliige võiks usu läbi vastu võtta õiglaseks inimeseks saamise õnnistuse. Ta viis meid kohta, kus me saime igasuguste Temalt palutud palvete vastused. Ta lasi meil ka mõista vaimu, headuse, valguse ja armastuse eri mõõtmeid, et me saaksime oma ellu Jumala väe. Ja kui me astusime usus pühaduse ja väe suunas, õnnistas Jumal iga mööduva aastaga paljusid inimesi kõigi rahvaste seast ja nad kogesid Piiblisse kirja pandud aega ja ruumi läbivat Jumala väge.

Me avaldasime äratusjutluste seeria „Pühadus ja vägi", mis sisaldab Jumala põhjatu ettehoolde sõnumit, et lugejad saaksid neid süstemaatiliselt tundma õppida. Esimese kolme aasta äratussõnumid on „Sissejuhatuse" eest. Need puudutavad meie ja Jumala vahelise patumüüri lammutamisega tõelise pühaduse poole minekut. Siis õpetatakse järgmise nelja aasta sõnumites, kuidas pühaduse ja väe poole liikumiseks tegutseda – see on „Põhisõnum." Viimaks, viie viimase aasta sõnumid puudutavad seda, kuidas Sõna ellu rakendades Jumala väge kogeda. See on käesoleva kirjutise „Rakenduse" osa.

Tänapäeval on palju inimesi, kes elavad oma elu ja ei tea isegi, mis on patt, mis on õigus ja mis on kohus. Isegi koguduses käijatel ei ole päästekindlust ja nad elavad ilmalikku elu — täpselt nii nagu kõik muud, kes on maailmas. Lisaks, nad ei ela kristlikku elu, mis on Jumala arvates õige, vaid nad on õiged oma arusaamist mööda. Seega Patust, õigusest ja kohtust on Pühaduse ja väe jutluste seeria esimene raamat, mis puudutab seda, kuidas me võime pattude andekssaamise kaudu ja oma elus Jumala õiguse teostamise kaudu edukat kristlikku elu elada.

Jumal lubas meie 1993. aasta äratuse esimese päeva esimese

sessiooni ajal eostumisõnnistust kümnetele 5-6 ja isegi 10 aastat abielus olnud abielupaaridele, kes ei saanud last eostada, et seda õpetust oma väeilmingutega kinnitada. Äratuse lõpuks eostasid peaaegu kõik need abielupaarid lapse ja hakkasid peret kasvatama.

Ma tahaksin tänada Toimetusbüroo juhatajat Geumsun Vin'i ja tema meeskonda, kelle vaevanägemise abil sai selle raamatu avaldamine võimalikuks ja ma palun Isanda nimel, et paljude seda raamatut lugevate inimeste patuprobleem võiks laheneda ja nad saaksid seega kõik palvevastused!

Märts, 2009
Jaerock Lee

Sissejuhatus

See raamat, mille pealkiri on Patu kohta, õiguse kohta ja kohtu kohta, koosneb viiest peatükist, mis on pühendatud igale teemale patu, õiguse ja kohtu kohta. Selles raamatus selgitatakse üksikasjalikult, kuidas patuprobleemile lahendust leida, kuidas elada õnnistatud elu õiglaseks inimeseks saades ja kuidas vältida tulevast kohut ja selle asemel igavestest õnnistustest rõõmu tunda.

Esimese, pattu puudutava peatüki pealkiri on „Pääsemine". Seal selgitatakse, miks inimesel on vaja pääseda ja pääsemise tõelist tähendust ja pääsemise vastuvõtmise meetodit. Sellele kohe järgnevas peatükis „Isa, Poeg ja Püha Vaim" juhatatakse lugejat õieti aru saama sellest, kuidas Jumala vägi ja meelevald,

Jeesuse Kristuse nimi ja Püha Vaimu juhatus toimivad ühiselt Kolmainu Jumalana, et lugeja võiks saada selge lahenduse patuprobleemile ja minna õiget teed mööda pääsemise suunas.

Peatükis, mille pealkiri on „Liha teod", analüüsitakse ja selgitatakse inimese ja Jumala vahel oleva patumüüri teemat. Järgmises peatükis, mille pealkiri on „Kandke nüüd meeleparandusele kohast vilja", selgitatakse kui tähtis on kanda meeleparandusele kohast vilja, et Jeesuse Kristuse kaudu täielikule pääsemisele jõuda.

Viimase, pattu puudutava peatüki pealkiri on „Kurjast hoidudes kiinduge heasse", ja selles õpetatakse lugejat Jumalale vastumeelsest kurjusest vabanema ja tegutsema hästi, tõesõna järgi.

Järgmiseks, esimeses õigusest rääkivas peatükis „Õigus, mis toob elu", tehakse selgeks, kuidas meie — kogu inimkond — saame Jeesuse Kristuse õige teo kaudu igavese elu. Peatükis, mille pealkiri on „Õige elab usust", selgitatakse, kui tähtis on aru saada, et pääsemist saab ainult usu läbi vastu võtta; ja seega tõelise usu saamise vajaduse põhjust.

8. peatükis „Kristuse kuulekusele" selgitatakse, et inimesel tuleb lammutada lihalikud mõtted ja teooriad ning lihtsalt Kristusele kuuletuda, et ta võiks saada tõelise usu ja tunda rõõmu rikkalikust elust, täis õnnistusi ja palvevastuseid. 9. peatükis „See, keda Isand heaks kiidab" vaadatakse lähemalt mitme esiisa elu, samas õpetades lugejale, kuidas tal tuleb tegutseda, et temast saaks inimene, keda Jumal heaks kiidab. Viimase, õigusest rääkiva peatüki pealkiri on „Õnnistus". Seal vaadeldakse usu ja õnnistuste seemne esiisa Aabrahami elu ja usku, millele järgnevad praktilised meetodid, mille abil usklik võib õnnistatud elust rõõmu tunda.

Esimeses kohut puudutavas peatükis, mille pealkiri on „Jumalale sõnakuulmatuse patt", vaadeldakse süvitsi Jumala vastu mineku patu tagajärgi. Järgmises peatükis „Ma kustutan inimese maa pealt", kirjeldatakse inimese kurjuse viimase piirini jõudmise järgset Jumala kohut.

Peatükis, mille nimi on „Ärge minge Ta tahte vastu", räägitakse lugejatele, et Jumala kohus tabab inimest siis, kui ta läheb Jumala tahte vastu; et inimesed peaksid aru saama, kuivõrd suur õnnistus on Jumala tahtele kuuletumine ja et nad võiksid tulevikus Jumalale kuulekad olla. Peatükis, mille pealkiri on „Nii ütleb Vägede Jehoova", kirjeldab autor üksikasjalikult, kuidas inimene võib vastu võtta tervenemise ja palvevastused. Ta selgitab ka jumalakartlikuks õiglaseks inimeseks saamise tähtsust.

Ja viimases peatükis „Patu kohta, õiguse kohta ja kohtu kohta", räägitakse lähemalt patuprobleemi lahendamise teest; õiglaseks inimeseks saamisest; elava Jumalaga kohtumisest; saabuva Viimse Kohtupäeva vältimise võimalusest; ja igaveste õnnistustega elu vastuvõtmisest.

Selles raamatus selgitatakse eri teid, misläbi meie – Jeesuse Kristuse vastu võtnud ja Püha Vaimu saanud – võime vastu võtta pääsemise ja igavese elu, palvevastused ja õnnistused. Ma palun Isanda nimel, et selle raamatu kaudu saaksid paljud

inimesed õiglasteks meesteks ja naisteks, kes on Jumalale
meelepärased!

Märts, 2009
Geumsun Vin
Toimetusbüroo juhataja

Sisukord

Autori märkus
Sissejuhatus

1. osa Patu kohta...

1. peatükk Pääsemine · 3

Looja Jumal ja inimene
Jumala ja inimese vaheline patumüür
Pääsemise tõeline tähendus
Pääsemise meetod
Jeesuse Kristuse kaudu pääsemise ettehoole

2. peatükk Isa, Poeg ja Püha Vaim · 13

Kes on Isa Jumal?
Isa Jumal – inimese kasvatamise ülim juht
Kes on Poeg Jeesus Kristus?
Päästja Jeesus Kristus
Kes on Aitaja Püha Vaim?
Aitaja Püha Vaimu töö
Kolmainu Jumal teostab pääsemise ettehoolde

3. peatükk osa Liha teod · 27

Lihalikud asjad ja liha teod
Liha teod, mis ei lase inimesel jumalariiki pärida
Ilmsed liha teod

4. peatükk „Kandke nüüd meeleparandusele kohast vilja" · 47

Teie, rästikute sugu
Kandke nüüd meeleparandusele kohast vilja
Ärge arvake, et Aabraham on teie isa
„Iga puu, mis ei kanna head vilja, raiutakse maha ja visatakse tulle"
Meeleparandusele kohane vili
Inimesed, kes kandsid meeleparandusele kohast vilja

5. peatükk „Kurjast hoidudes kiinduge heasse." · 63

Kuidas kurjus tuleb patuna esile
Kurjusest vabanemine ja heaks inimeseks saamine
Kuri ja abielurikkuja sugupõlv, mis ihaldab tunnustähte
Kurjuseliigid, mida me peaksime põlastama

1. Sõnastik

2. osa Õiguse kohta...

6. peatükk Õigus, mis toob elu · 83

Õigus Jumala arvates
Üks õige tegu, mis päästab kogu inimkonna
Õiguse algus on usk Jumalasse
Meil tuleb matkida Jeesuse Kristuse õigsust
Õigeks inimeseks saamise tee
Õigete õnnistus

7. peatükk Õige elab usust · 97

Selleks, et tõesti õigeks inimeseks saada
Miks on meil vaja õigeks inimeseks saada?
Õige elab usust
Kuidas saada omale vaimset usku
Usus elamise viisid

8. peatükk Kristuse kuulekusele · 109

Lihalikud mõtted, mis on Jumalaga vaenus
„Eneseõigus" – üks peamisi lihalikke mõtteid
Apostel Paulus lammutas oma lihalikud mõtted
Õigus, mis tuleb Jumala käest
Saul oli oma lihalike mõtete tõttu Jumalale sõnakuulmatu
Usu läbi Jumala õiguse teostamine

9. peatükk See, keda Isand heaks kiidab · 123

See, keda Isand heaks kiidab
Jumala heakskiidu pälvimine
Lööge oma kired ja soovid risti
Usuisad, kes olid Jumala arvates õiged

10. peatükk Õnnistus · 137

Usuisa Aabraham
Jumal peab usku õiguseks ja annab oma õnnistused
Jumal teeb katsumuste kaudu kvaliteetsed astjad
Jumal valmistab väljapääsu isegi katsumuste ajal
Jumal õnnistab isegi katsumuste ajal
Aabrahami astja iseloom

Sõnastik 2, 3

3. osa Kohtu kohta...

11. peatükk Jumalale sõnakuulmatuse patt · 155

Aadam, Jumala kuju järgi loodud inimene
Aadam sõi keelatud vilja
Aadama sõnakuumatuse tagajärg
Miks Jumal pani aeda hea ja kurja tundmise puu
Patuneedusest vabanemise tee
Sauli sõnakuulmatuse patu tulemus
Kaini sõnakuulmatuse patu tulemus

12. peatükk „Ma kustutan inimese maa pealt" · 167

Kurja ja hea inimese erinevus
Miks tuleb Jumala kohus
* Sest inimese kurjus on suur
* Sest südame mõte on kuri
* Sest iga südamekavatsus on alati kuri
Et Jumala kohut vältida

13. peatükk Ärge minge Ta tahte vastu · 179

Meid tabab kohus, kui me läheme Jumala tahte vastu
Inimesed, kes läksid Jumala tahte vastu

14. peatükk „Nii ütleb Vägede Jehoova..." · 193

Jumal paneb vastu ülbeile
Kuningas Hiskija uhkus
Usklike uhkus
Valeprohvetite uhkus
Uhkelt ja kurjalt tegutsevate inimeste kohus
Jumalakartlike õiglaste inimeste õnnistused

15. peatükk Patu kohta, õiguse kohta ja kohtu kohta · 203

Patu kohta
Miks Ta mõistab patule vastavalt kohut
Õiguse kohta
Miks Ta mõistab õigusele vastavalt kohut
Kohtu kohta
Püha Vaim veenab maailma patus
Vabanege patust ja elage õiglast elu

Sõnastik 4

Patu kohta

„"...patu kohta, et nad ei usu minusse;"
(Johannese 16:9)

„Eks ole: kui sa head teed, siis on su pilk tõstetud üles? Aga kui sa head ei tee, siis luurab patt ukse ees ja himustab sind. Kuid sina pead tema üle valitsema!" (1. Moosese 4:7)

„Aga tunne oma süüd, et sa oled üles astunud Isanda, oma Jumala vastu ja oled iga halja puu all ajanud oma põlved laiali võõrastele. Minu häält ei ole te mitte kuulnud, ütleb Isand." (Jeremija 3:13)

„Tõesti, ma ütlen teile, inimlastele antakse andeks kõik patud ja pühaduseteotused, kuidas nad iganes ka oleksid teotanud, kes aga peaks teotama Püha Vaimu, sellele ei ole andeksandmist iialgi, vaid ta on süüdi igaveses patus!" (Markuse 3:28-29)

„Aga et te teaksite, et Inimese Pojal on meelevald patte andeks anda maa peal," - Ta ütles halvatule - *„ma ütlen sulle: Tõuse püsti, võta oma kanderaam ja mine koju!"* (Luuka 5:24)

„Pärastpoole leidis Jeesus tema pühakojast ja ütles talle: „Vaata, sa oled saanud terveks. Ära tee enam pattu, et sinuga ei juhtuks midagi halvemat!" (Johannese 5:14)

„Eks te tea, et kelle kuulekusse teie end loovutate orjaks, kelle sõna te kuulate, selle orjad te olete - olgu patu orjad surmaks või kuulekuse orjad õiguseks!" (Roomlastele 6:16)

„Mu lapsed, seda ma kirjutan teile, et te ei teeks pattu. Aga kui keegi patustab, siis on meil eestkostja Isa juures, Jeesus Kristus, kes on õige, ning Tema on lepitusohver meie pattude eest, kuid mitte üksnes

meie, vaid ka terve maailma pattude eest." (1. Johannese 2:1-2)

1. peatükk

Pääsemine

*„Ja kellegi muu läbi ei ole päästet,
sest taeva all ei ole antud inimestele
ühtegi teist nime, kelle läbi meid
päästetaks."*
(Apostlite teod 4:12)

Selles maailmas, sõltuvalt religioonist ja kultuurist, kummardavad inimesed igasuguseid erinevaid ebajumalaid; on olemas isegi ebajumal, mida kutsutakse „tundmatuks jumalaks" (Apostlite teod 17:23). Tänapäeval pälvib suurt tähelepanu religioon, mida kutsutakse „Tärkavaks religiooniks", mis on loodud paljude religioonide õpetuste segust ja paljud inimesed on võtnud vastu „religioosse pluralismi", mis põhineb filosoofial, mille alusel toovad kõik religioonid pääsemise. Kuid Piiblis öeldakse, et Looja Jumal on ainus tõeline Jumal ja Jeesus Kristus on ainus Päästja (5. Moosese 4:39; Johannese 14:6; Apostlite teod 4:12).

Looja Jumal ja inimene

Jumal on kahtlemata olemas. Täpselt nii nagu meie oleme olemas, sest me sündisime oma vanemaist, on selle maailma inimkond olemas, sest Jumal lõi meid.

Kui me vaatame väikest käekella, näeme me, kuidas kella sees olevad tillukesed osad toimivad detailselt koos, et aega näidata. Kuid keegi ei vaata kella ja mõtle, et see moodustus lihtsalt juhuslikult iseenesest. Isegi väike käekell võib maailmas olemas olla, sest keegi kavandas ja tegi selle. Aga kuidas on lood universumiga? Universumit ei saa väikese käekellaga võrrelda ja see on väga keerukas ja väga hiiglasuur, et inimene ei suuda oma mõistusega kõiki selle saladusi ette kujutada ega isegi selle mastaapi hoomata. Fakt, et päikesesüsteem, mis on vaid üks väike universumi osa, toimib nii täpselt, vähimagi eksimuseta, teeb Jumala loomingu mitte uskumise väga raskeks.

Inimihu on sarnane. Kõik organid, rakud ja paljud muud elemendid on korraldatud nii täiuslikult ja toimivad koos nii keerukalt, et nende korraldus ja funktsioonid on tõeline ime. Ent kõik inimese poolt inimihu kohta avastatu on vaid murdosa kõigest, mis on avastamata. Seega, kuidas me saame öelda, et miski – nagu näiteks inimese anatoomia – tekkis lihtsalt suvaliselt?

Lubage mul jagada lihtsat illustratsiooni, mida igaüks võib lihtsalt kinnitada. Inimese näol on kaks silma, üks nina, kaks ninasõõret, üks suu ja kaks kõrva. Need on niiviisi seatud, et silmad on kõige kõrgemal, nina on keskel, suu on silmade all ja kõrvad on paigutatud näo mõlemale poolele. See on samamoodi, olgu siis tegu mustanahalise, kaukaaslase või aasialasega. See ei kehti vaid inimeste kohta. Sama kehtib ka loomade nagu lõvide, tiigrite, elevantide, koerte jne ja lindude nagu kotkaste ja tuvide ning isegi kalade kohta.

Kui Darwini evolutsioon oleks tõene, oleksid loomad, linnud ja inimolendid pidanud üksteisest erinevalt arenema, vastavalt oma keskkonnale. Kuid miks on nägudel nii ülimalt sarnane väljanägemine ja asetus? See on ülekaalukas tõend sellest, et ainus Looja Jumal kavandas ja lõi meid kõiki. Fakt, et meid kõiki loodi sama kuju järgi, näitab, et Loojateks ei ole mitu olendit, vaid üks olend.

Ma olin esialgu ateist. Ma kuulsin, kuidas inimesed rääkisid, et kui kogudusse minna, võib pääseda. Kuid ma ei teadnud isegi, mis oli pääsemine või kuidas seda vastu võtta. Siis ühel päeval lakkas mu magu ülejoomise tõttu toimimast ja lõpuks pidin ma järgmised seitse aastat voodihaigena mööda saatma. Igal ööl valas mu ema kaussi vett, vaatas Suure Vankri poole ja hõõrus käsi kokku. Ta palvetas ja palus mulle tervist. Ta andis isegi suuri rahasummasid budisti templisse, kuid mu haigus üksnes süvenes. Ma ei pääsenud sellest lootusetust olukorrast Suure Vankri ega Buddha tõttu. Jumal tegi seda. Sel hetkel, kui mu ema kuulis, et ma sain kogudusse minnes terveks, viskas ta kõik oma ebajumalad minema ja läks kogudusse, sest ta sai aru, et üksnes Jumal oli ainus tõeline Jumal.

Jumala ja inimese vaheline patumüür

Hoolimata faktist, et on olemas nii selged tõendid taevad ja maa loonud Looja Jumala kohta, miks inimesed ei usu Teda ega kohtu Temaga? Põhjuseks on Jumala ja inimese suhet blokeeriva patumüüri olemasolu. Kuna Looja Jumal on õiglane ja Temas ei ole absoluutselt mingit pattu, ei saa me Temaga suhelda.

Vahel leidub inimesi, kes mõtlevad, et neil ei ole pattu. Nii nagu me ei suuda pimedas toas seistes oma pluusil olevat plekki näha, kui me seisame pimeduses, mis on väär, ei suuda me oma patte näha. Seega, kui me ütleme, et me usume Jumalat ja meie vaimusilmad on ikka suletud, siis me ei suuda oma patte leida. Me lihtsalt käime koguduses, ent sel ei ole mingit tähendust. Mis on sellise koguduses käimise tulemus? Me käime koguduses 10 või isegi 20 aastat, Jumalaga kohtumata ja ainsalegi palvele vastuseid saamata.

Armastuse Jumal tahab meiega kohtuda, rääkida ja meie palvetele vastata. Sellepärast palub Jumal kogu südamest meid kõiki: „Palun lammuta meie vahel olev patumüür, et me võiksime takistamatult armsalt vestelda. Palun tehke minu jaoks tee, et ma saaksin võtta valu ja kannatused, mis teie elus praegu on."

Ütleme, et väike laps püüab nõelasilmast niiti läbi ajada. See on väikese lapse jaoks raske ülesanne. Kuid lapsevanema jaoks on see suhteliselt kerge ülesanne. Aga hoolimata sellest, kuivõrd lapsevanem tahab last aidata, kui nende kahe vahel on tohutusuur müür, ei saa vanem last aidata. Samamoodi, kui meie ja Jumala vahel on tohutusuur patumüür, ei saa meie oma palvetele mingisuguseid vastuseid. Seega, kõigepealt tuleb meil lahendada see patuprobleem ja siis me peame vastu võtma ülima lahenduse kõige olulisemale päästeprobleemile.

Pääsemise tõeline tähendus

Meie ühiskonnas kasutatakse sõna „pääsemine" paljudel eri viisidel. Kui me päästame uppuja või aitame kedagi ebaõnnestunud ettevõtmisest taastuda või aitame kedagi perekriisis, ütleme me vahel, et me „päästsime" nad.

Kuid mida kutsutakse Piiblis „päästetud" olemiseks? Piibli alusel on tegu inimkonna patust välja tõstmisega. Nimelt, see tähendab nende viimist Jumala poolt nende jaoks soovitud koha piiridesse, kus nad võivad saada patuprobleemi lahenduse ja tunda igavest taevarõõmu. Seega, lihtsate vaimsete mõistete abil öeldes – päästeuks on Jeesus Kristus ja päästekoda on Taevas või jumalariik.

Johannese 14:6 ütles Jeesus: „Mina olen tee ja tõde ja elu. Ükski ei saa minna Isa juurde muidu kui minu kaudu." Seega, pääsemine tähendab Jeesuse Kristuse kaudu Taevasse minekut.

Paljud inimesed kuulutavad evangeeliumi ja rõhutavad pääsemise vastuvõtmise tähtsust. Aga miks me vajame päästemist? Me vajame seda, kuna me vaim on surematu. Kui inimesed surevad, eralduvad nende vaim ja hing ihust ja pääsemise vastuvõtnud lähevad Taevasse, kuid need, kes ei võtnud pääsemist vastu, põrgusse. Taevas on jumalariik, kus on igavene rõõm ja põrgu on igavese valu ja kannatuse koht, mis koosneb tule- ja väävlijärvest (Ilmutuse 21:8).

Kuna Taevas ja põrgu on tegelikult olemasolevates kohtades, on inimesi, kes on Taevast ja põrgut nägemustes näinud ja on palju inimesi, kelle vaim on tegelikult neis kohtades viibinud.

Kui keegi arvab, et kõik need inimesed valetavad, on nad lihtsalt jonnakad. Kuna Piiblis seletatakse selgelt Taeva ja põrgu kohta, tuleb meil uskuda. Piibel sisaldab erinevalt igast muust raamatust pääsemise sõnumit — Looja Jumala sõnu.

Piiblisse on kirja pandud inimese loomine ja kuidas Jumal on siiani tegutsenud. Seal seletatakse selgelt täielikku protsessi: kuidas inimene tegi pattu, muutus rikutuks ja mõisteti igavesse surma ja kuidas Jumal ta päästis. Seal on kirjas mineviku, oleviku ja tuleviku sündmused ja Jumala ülim kohus lõpuajal.

Jah, on oluline, et me elame rahulikult, ilma selle maailma probleemideta. Aga Taevaga võrreldes on selles maailmas elatud elu väga lühike ja ajutine. Kümme aastat tundub pika ajana, aga kui me vaatame oma elu, näib see otsekui eile olnud. Ülejäänud osaga meie maapealsest ajast on samamoodi. Kuigi inimene võib elada ja palju vaeva näha ja palju asju saada, hävib see kõik, kui maapealne elu lõpeb ära. Seega, mis on sellest kasu?

Hoolimata sellest, kui palju meil ka ei oleks ja me ei saaks, ei saa me seda igavesse maailma enesega kaasa viia. Ja isegi kui me saavutame kuulsust ja võimu, hääbub lõpuks kõik see pärast meie surma ja ununeb.

Pääsemise meetod

Apostlite teod 4:12: „Ja kellegi muu läbi ei ole päästet, sest taeva all ei ole antud inimestele ühtegi teist nime, kelle läbi meid päästetaks." Piiblis öeldakse, et Jeesus Kristus on ainus Päästja, kes võib meid päästa? See on nii, kuna patuprobleem tuleb lahendada. Läheme sellest paremini aru saamiseks inimkonna põlvnemise juurde – Aadama ja Eeva aega tagasi.

Pärast Aadama ja Eeva loomist andis Jumal Aadamale väe ja au kogu loodu üle valitsemiseks. Ja nad elasid kaua aega rikkalikus Eedeni aias, kuni nad langesid ühel päeval mao salaplaani küüsi ja sõid hea ja kurja tundmise puust. Pärast Jumala keelatud vilja söömise kaudu Jumalale sõnakuulmatust tuli neisse patt (1. Moosese 3:1-6).

Roomlastele 5:12 öeldakse: „Sellepärast, nii nagu üheainsa inimese kaudu on patt tulnud maailma ja patu kaudu surm, nõnda on ka surm tunginud kõikidesse inimestesse, kuna kõik on pattu teinud." Aadama tõttu tuli maailma patt ja kogu inimkond muutus patuseks. Seega, selle tulemusel tabas kogu inimkonda surm.

Jumal ei päästnud neid inimesi lihtsalt – igasuguste tingimusteta –

patust. Roomlastele 5:18-19 öeldakse: „Nõnda siis, nagu ühe üleastumise läbi tuli kõigile inimestele surmamõistmine, nii on ka selle ühe õigusteo läbi kõigile inimestele saanud õigekssaamine eluks. Sest otsekui tolle ühe inimese sõnakuulmatuse tõttu on

paljud saanud patuseks, nõnda saavad ka selle ühe inimese kuulekuse läbi paljud õigeks."

See tähendab, et nii nagu kogu inimkond muutus patuseks ühe inimese – Aadama – patu tõttu, võib kogu inimkond ka pääseda ühe inimese kuulekuse kaudu. Jumal on kogu loodu üle, kuid Ta paneb kõik õige korra kohaselt toimima (1. Korintlastele 14:40); seega Ta valmistas ühe inimese, kes vastas kõigile Päästjaks olemise tingimustele – ja see inimene oli Jeesus Kristus.

Jeesuse Kristuse kaudu pääsemise ettehoole

Vaimsete seaduste hulgas on seadus, mis ütleb, et "patu palk on surm" (Roomlastele 6:23). Teistpidi vaadates on olemas ka inimese patust lunastamise seadus. Selle vaimse seadusega on otseselt seotud Iisraeli maa lunastamise seadus. See seadus lubab inimesel müüa maad, kuid mitte alaliselt. Kui inimene müüb oma maa mingil ajal majanduslike raskuste tõttu, võib mõni ta rikastest sugulastest selle alati tema jaoks tagasi osta. Ja kui tal ei ole rikkaid sugulasi, kes seda tema jaoks teha võiksid, võib ta selle alati ise tagasi osta, kui ta saab oma vara tagasi (3. Moosese 25:23-25).

Patust lunastamine toimib samamoodi. Kui keegi vastab oma venna patust lunastamise tingimustele, võib ta seda teha. Kuid ükskõik kellega tegu, see isik peab patu palga maksma.

Aga nii nagu kirjutatakse 1. Korintlastele 15:21: "Et surm on tulnud inimese kaudu, siis tuleb ka surnute ülestõusmine inimese kaudu", peab see, kes meid patust päästa suudaks, samuti inimene olema. Sellepärast tuli Jeesus maailma lihas — patuseks saanud inimese kujul.

Inimene, kes on ise võlglane, ei suuda kellegi teise võlga tasuda. Samamoodi ei saa patune inimene inimkonda patust lunastada. Inimene ei päri oma vanematelt lihtsalt füüsilist väljanägemist ja iseloomuomadusi, vaid ka nende patuloomuse. Väikelast jälgides näeme me, kuidas teine laps istub ema sülle ja laps tunneb end rahutult ja püüab teist last ema sülest minema lükata. Isegi kui ta ei ole seda kellegi käest otseselt õppinud, on armukadedus ja kadedus tema jaoks loomulikud asjad. Mõned imikud tunnevad nälga ja kui nad ei saa otsekohe süüa, hakkavad nad tahtmatult nutma. See sünnib nende vanematelt päritud raevuka patuloomuse tõttu. Niisugust tüüpi vanematelt nende elujõu kaudu päritud patused loomuomadused on „pärispatt". Kõik Aadama järglased sündisid selle pärispatuga; seega keegi neist ei saa teist patust lunastada.

Aga Jeesus sündis Püha Vaimu poolt eostatuna, seega Ta ei pärinud vanemate pärispattu. Ja kui Ta kasvas, oli Ta kogu käsuseadusele kuulekas; seega Ta ei teinud mingisugust pattu. Vaimumaailmas tähendab niisugune patuta olek väge.

Jeesus võttis ristikaristuse rõõmuga vastu, sest Tal oli niisugune armastus, mis ei säästnud isegi Tema elu, et inimkonda patust lunastada. Ta suri puuristil, et inimest käsuneeduse alt lunastada (Galaatlastele 3:13) ja valas oma kalli vere, mis oli pärispatu või ise tehtud pattude poolt määrimata. Ta tasus kogu inimkonna kõigi pattude eest.

Jumal ei säästnud patuste päästmiseks isegi oma ainsa Poja elu, lastes Tal ristisurma surra. Ta osutas meile nii suurt armastust. Ja Jeesus tõendas oma armastust meie vastu, andes oma elu, et saada meie ja Jumala vaheliseks rahuohvriks. Peale Jeesuse ei olnud kedagi muud, kellel oleks niisugune armastus või vägi, et meid patust lunastada. Nende põhjuste tõttu võime me pääseda ainult Jeesuse Kristuse kaudu.

2. peatükk

Isa, Poeg ja Püha Vaim

"Aga Lohutaja, Püha Vaim, kelle Isa saadab minu nimel, Tema õpetab teile kõik ja tuletab teile meelde kõik, mida mina teile olen öelnud."
(Johannese 14:26)

Kui te vaatate 1. Moosese 1:26, öeldakse seal: „Ja Jumal ütles: „Tehkem inimesed oma näo järgi, meie sarnaseks..." Siin tähistab „meie" Kolmainu Jumalat — Isa, Poega ja Püha Vaimu. Kuigi igaüks neist – nii Isa, Poeg kui ka Püha Vaim, etendab inimese pääsemise ettehooldes erinevat osa, kutsutakse neid Kolmainu Jumalaks või Kolmainsuseks, kuna kõik kolm on oma päritolu poolest samad.

See on kristliku usu väga tähtis õpetus ja kuna see puudutab Looja Jumala päritolu salajast sõnumit, on inimese piiratud loogika ja teadmiste abil seda mõistet raske täielikult mõista. Aga patuprobleemi lahendamiseks ja täieliku pääsemise saamiseks peab meil olema õige arusaam Kolmainu Jumala – Isa Jumala, Jumala Poja ja Jumala Püha Vaimu kohta. Üksnes selle arusaama abil saame me täielikult kogeda jumalalaste õnnistust ja meelevalda.

Kes on Isa Jumal?

Eelkõige on Jumal universumi Looja. 1. Moosese raamatu 1. peatükis kujutatakse, kuidas Jumal lõi universumi. Jumal lõi taevad ja maa eimillestki kuue päevaga oma Sõna kaudu. Siis lõi Jumal kuuendal päeval inimkonna isa Aadama. Me võime teada, et Jumal on elav ja et on ainult üks Looja Jumal, kui me üksnes vaatame kogu loodu korda ja harmooniat.

Jumal on kõiketeadja. Jumal on täiuslik ja teab kõike. Seega Ta laseb meil tulevikusündmusi ette teada saada prohvetikuulutuste kaudu, kasutades inimesi, kes on Temaga lähedases osaduses (Aamos 3:7). Jumal on ka kõikvõimas ja suudab kõike teha. Sellepärast on Piiblisse kirja pandud arvukad imed ja tunnustähed, mida ei ole inimese väe ja võimega võimalik teoks teha.

Samuti, Jumal eksisteerib iseenesest. 2. Moosese 3. peatükis on sündmus, kus Jumal ilmub Moosesele. Jumal kutsub teda põlevast põõsast Egiptusest väljarände juhiks. Sel hetkel ütleb Ta Moosesele: „MA OLEN SEE, KES MA OLEN." Ta selgitas ühte oma omadust, et Ta on iseenesest olemas. See tähendab, et keegi ei loonud ega sünnitanud Jumalat. Ta oli iseenesest algusest saadik olemas.

Jumal on ka Piibli autor. Aga kuna Looja Jumal ületab inimest kõige poolest, on inimese vaatenurgast Tema olemasolu raske täiesti seletada. See on raske, sest Jumal on piiritu olend, seega inimene ei suuda oma piiratud arusaamisega Tema kohta kõike täielikult teada.

Piiblist võib näha, et Isa Jumalat kutsutakse erinevalt – sõltuvalt olukorrast. 2. Moosese 6:3 öeldakse: „Mina olen ennast ilmutanud Aabrahamile, Iisakile ja Jaakobile Kõigeväelise Jumalana, aga oma nime Jahve ei ole ma neile teatavaks teinud." Ja 2. Moosese 15:3 kirjutatakse: „Isand on sõjamees, Isand on ta nimi." Nimi „Isand" ei tähenda vaid „iseenesest olemas olevat", vaid see tähendab ka ainsat tõelist Jumalat, kes valitseb kõiki maailma rahvaid ja kõike maailmas olevat.

Ja väljendit „Jumal" kasutatakse tähenduses, et Ta on iga rassi, maa või inimesega – seega seda nime kasutatakse Jumala inimlikkuse näitamiseks. Kui „Isanda" nimetus on laiema tähendusega ja tähistab rohkem Jumala avalikku nimetust, väljendab „Jumal" Jumala inimlikku poolt, mis on lähedases vaimses osaduses igaühega. „Aabrahami, Iisaki ja Jaakobi Jumal" on üks sellistest näidetest.

Kuid miks me kutsume seda Jumalat „Isa Jumalaks"? Me teeme seda, kuna Jumal ei ole üksnes kogu universumi valitseja ja ülim kohtumõistja, vaid eelkõige inimese kasvatamise plaani ja teostamise ülim juht. Kui me usume seda Jumalat, võime me Teda „Isaks" kutsuda ja kogeda Tema hämmastavat väge ja jumalalapseks olemise õnnistust.

Isa Jumal – inimese kasvatamise ülim juht

Looja Jumal alustas inimese kasvatamist, et saada tõelisi lapsi, kellega tõelises armuosaduses olla. Aga kuna kogu loodul on algus ja lõpp, on inimese maapealsel elul algus ja lõpp.

Ilmutuse 20:11-15 öeldakse: „Ma nägin suurt valget trooni ning seda, kes sellel istub, kelle palge eest põgenesid maa ja taevas, ning neile ei leidunud aset. Ja ma nägin surnuid, suuri ja pisikesi, seisvat trooni ees, ning raamatud avati. Teine raamat avati, see on eluraamat. Ja surnute üle mõisteti kohut sedamööda, kuidas raamatuisse oli kirjutatud, nende tegude järgi. Ja meri andis tagasi oma surnud ning surm ja surmavald andsid tagasi oma surnud ning igaühe üle mõisteti kohut tema tegude järgi. Ja surm ja surmavald visati tulejärve. See on teine surm - tulejärv. Keda iganes ei leitud olevat eluraamatusse kirjutatud, see visati tulejärve."

Selles lõigus kirjeldatakse Suure valge trooni kohust. Kui inimese maapealne kasvatamine lõpeb, naaseb Isand õhus, et kõiki usklikke kaasa võtta. Siis, need usklikud, kes elavad tol ajal, tõstetakse üles õhku, kus toimub seitsmeaastane pulmasöömaaeg. Sel ajal, kui õhus on pulmasöömaaeg, on maa peal seitsme aastane viletsuseaeg. Pärast seda naaseb Isand maa peale ja valitseb seal tuhat aastat. Ja pärast aastatuhandet toimub Suure valge trooni kohus. Sel ajal lähevad jumalalapsed, kelle nimed on eluraamatusse kirja pandud, Taevasse ja nende üle, kelle nimed ei ole eluraamatus kirjas, mõistetakse kohut vastavalt nende tegudele ja siis nad lähevad põrgusse.

Kui me vaatame Piiblisse, võime me näha, et hetkest, mil Jumal lõi inimese kuni tänapäevani, armastab Jumal meid täpselt samamoodi. Isegi pärast Aadama ja Eeva patustamist ja Eedeni aiast välja ajamist, lasi Jumal meil Tema tahet, ettehoolet ja õigete inimeste – nagu Noa, Aabrahami, Moosese, Taaveti ja Taanieli – kaudu tulevikuasju teada saada. Isegi tänapäeval on Jumala vägi ja olemasolu ikka meie elus selgelt näha. Ta tegutseb nende inimeste kaudu, kes Teda tõeliselt tunnustavad ja armastavad.

Vana Testamenti vaadates võime me näha, et kuna Jumal armastab meid, õpetab Ta meile, kuidas mitte pattu langeda ja kuidas õiglast elu elada. Ta õpetab meile, mis on patt ja õigus, et me võiksime kohut vältida. Ta õpetab meile ka, et kui me Teda ülistame, peaksime me eraldama aja teatud pidustusteks, et Talle ohvreid tuua, et me ei unustaks elavat Jumalat. Me võime näha, et Ta õnnistas neid, kes Teda uskusid ja andis neile, kes tegid pattu, võimaluse patust pöörduda – kas karistuse kaudu või muudmoodi. Ta kasutas ka prohveteid, et oma tahet ilmutada ja õpetada meid tões elama.

Aga inimesed ei kuuletunud. Selle asemel nad jätkasid patu tegemist. Selle probleemi lahendamiseks saatis Ta Päästja Jeesuse Kristuse, kelle Ta oli enne aja algust ette valmistanud. Ja Tema tegi päästetee, et kõik inimesed võiksid usu läbi pääseda.

Kes on Poeg Jeesus Kristus?

Pattu teinud inimene ei saa teise inimese pattu lepitada, seega oli vaja patuta inimest. Sellepärast pidi Jumal ise – Jeesusena – lihasse minema ja siia maailma tulema. Kuna patu palk on surm, tuli Jeesus meie patu lunastamiseks ristil hukata, sest verevalamiseta ei ole pattude andeksandmist (3. Moosese 17:11; Heebrealaste 9:22).

Jumala ettehoolde raames suri Jeesus puuristil, et inimkonda patuneeduse alt vabastada. Pärast inimkonna pattudest lunastamist äratati Ta kolmandal päeval surnuist üles. Seega, igaüks, kes usub, et Jeesus Kristus on tema Päästja, saab oma patud andeks ja pääseb. Just nii nagu Jeesus, kes sai ülestõusmise esmaviljaks, võime meiegi ellu ärgata ja Taevasse minna.

Johannese 14:6 ütleb Jeesus: „Mina olen tee ja tõde ja elu. Ükski ei saa minna Isa juurde muidu kui minu kaudu." Jeesus on tee, sest Ta sai inimkonna teeks, et minna Taevasse, kus valitseb Isa Jumal; Ta on tõde, set Ta on Jumala Sõna, kes sai lihaks ja tuli siia maailma; ja Ta on elu, sest inimene pääseb ja saab igavese elu ainult Tema läbi.

Kui Jeesus oli maa peal, kuuletus ta käsuseadusele täiesti. Iisraeli seaduste kohaselt lõigati Ta kaheksandal elupäeval ümber. Ta elas vanematega kuni ta oli kolmekümne aastane ja täitis kõiki oma kohuseid. Jeesusel ei olnud pärispattu ja ta ei teinud ise pattu. Sellepärast kirjutatakse Jeesuse kohta 1. Peetruse 2:22: „Tema ei teinud pattu ega leitud pettust tema suust."

Veidi hiljem Jeesus paastus Jumala tahte kohaselt 40 päeva, enne oma teenistuse alustamist. Ta rääkis paljudele inimestele elavast Jumalast ja taevariigi evangeeliumist ja demonstreeris Jumala väge kõikjal, kuhu Ta läks. Ta näitas selgelt, et Jumal on tõeline jumal ja et Ta on elu ja surma ülim ülevaataja.

Jeesus tuli maailma, et kogu inimkonnale Isa Jumalast rääkida, vaenlane kurat hävitada, meid patust päästa ja igavese elu teele viia. Seega, Johannese 4:34 ütleb Jeesus: „Minu roog on see, et ma teen Selle tahtmist, kes mu on läkitanud, ja lõpetan Tema töö."

Päästja Jeesus Kristus

Jeesus Kristus ei ole lihtsalt üks neljast maailma tuntuimast väljapaistvast filosoofist. Ta on Päästja, kes tegi kogu inimkonnale päästetee – seega Teda ei saa samale tasemele panna inimestega, kes on pelgalt loodud olendid. Kui vaadata Filiplastele 2:6-11, öeldakse seal: „Kes, olles Jumala kuju, ei arvanud osaks olla Jumalaga võrdne, vaid loobus iseenese olust, võttes orja kuju, saades inimese sarnaseks; ja ta leiti välimuselt inimesena. Ta alandas iseennast, saades kuulekaks surmani, pealegi ristisurmani. Seepärast on Jumal tõstnud Ta kõrgemaks kõrgest ja annetanud Talle selle nime, mis on üle iga nime, et Jeesuse nimes nõtkuks iga põlv nii taevas kui maa peal kui maa all, ja et iga keel tunnistaks: Jeesus Kristus on

Isand - Jumala Isa kirkuseks."

Kuna Jeesus oli Jumalale kuulekas ja tõi end Jumala tahte kohaselt ohvriks, tõstis Jumal Ta oma paremal käel ülimasse kohta ja nimetas Ta Kuningate Kuningaks ja Isandate Isandaks.

Kes on Aitaja Püha Vaim?

Kui Jeesus oli maailmas, pidi Ta aja ja ruumi piires tegutsema, sest Tal oli inimihu. Ta kuulutas evangeeliumi Juudamaal, Samaarias ja Galileas, kuid Ta ei saanud evangeeliumi kaugematel aladel kuulutada. Aga pärast Jeesuse ülestõusmist ja taevasseminekut saatis Ta meile Püha Vaimu – Aitaja – kes tuli kogu inimkonna peale ja ületab aja ja ruumi piirangud.

„Aitaja" mõiste tähendab „prohvetit, kes kaitseb, veenab või aitab teisel oma eksitust mõista"; „nõuandjat, kes julgustab ja kinnitab teist".

Püha Vaim on püha ja Jumalaga sama ning tunneb isegi Jumala südamesügavuses olevaid asju (1. Korintlastele 2:10). Kuna patune ei saa Jumalat näha, ei saa Püha Vaim samamoodi patuses elada. Seega, Püha Vaim ei saanud meie südamesse tulla enne, kui Jeesus lunastas meid ristisurma ja meie eest oma vere valamise teel.

Aga pärast Jeesuse surma ja ülestõusmist lahenes patuprobleem ja igaüks, kes avab oma südame ja võtab Jeesuse Kristuse vastu, võib siis Püha Vaimu vastu võtta. Kui inimene on usu läbi õigeks tehtud, annab Jumal talle Püha Vaimu anni, et Püha Vaim võiks tema südames elada. Püha Vaim juhib meid ja juhatab meid ja Tema kaudu võime me Jumalaga suhelda.

Aga miks Jumal annab oma lastele Püha Vaimu anni? Ta teeb seda, sest kui Püha Vaim ei tule meisse ja ei elusta meie vaimu – mis oli Aadama patu tõttu surnud – ei saa me tõe sisse minna ega tões elada. Kui me usume Jeesust Kristust ja võtame Püha Vaimu vastu, tuleb Püha Vaim meie südamesse ja õpetab meile Jumala käsuseadusi, mis on Tõde, et me võiksime nende käsuseaduste järgi elada ja tões viibida.

Aitaja Püha Vaimu töö

Püha Vaimu peamine töö on meie uuestisündimiseks tegutsemine. Uuesti sündides mõistame me Jumala käsuseadusi ja püüame nende järgi elada. Sellepärast ütles Jeesus: „Tõesti, tõesti, ma ütlen sulle, kes ei sünni veest ja Vaimust, ei saa minna Jumala riiki. Lihast sündinu on liha, ja Vaimust sündinu on vaim" (Johannese 3:5-6). Seega, kui me ei sünni veest ja Vaimust, ei saa me pääseda.

Siin tähistab vesi elavat vett – Jumala Sõna. Me peame Jumala Sõna ehk Tõe abil täiesti puhastuma ja muutuma. Aga mida tähendab Pühast Vaimust uuesti sündimine? Kui me võtame Jeesuse Kristuse vastu, annab Jumal meile Püha Vaimu anni ja tunnistab meid oma lasteks (Apostlite teod 2:38). Püha Vaimu vastu võtnud jumalalapsed kuulavad tõesõna ja õpivad hea ja kurja vahel vahet tegema. Ja kui nad palvetavad kogu südamest, annab

Jumal neile armu ja jõudu, et Tema Sõna järgi elada. Seda tähendab Pühast Vaimust uuesti sündimine. Ja sõltuvalt sellest, kui palju inimeses sünnib Vaimu kaudu vaimu, muutub inimene tõe kaudu. Ning sõltuvalt sellest, kui palju inimene muutub tõe kaudu, suudab ta Jumalalt vaimset usku vastu võtta.

Teiseks, Püha Vaim aitab meid meie nõrkustes ja teeb meie eest eestpalvet sõnades väljendamatute ohetega, andes meile võime palvetada (Roomlastele 8:26). Samuti Ta murrab meid, et meist paremaid astjaid teha. Ja täpselt nii nagu Jeesus ütles: „Aga Lohutaja, Püha Vaim, kelle Isa saadab minu nimel, Tema õpetab teile kõik ja tuletab teile meelde kõik, mida mina teile olen öelnud" (Johannese 14:26), juhatab Püha Vaim meid tõe sisse ja annab meile teada tulevastest asjadest (Johannese 16:13).

Lisaks, kui me kuuletume Püha Vaimu soovidele, laseb Ta meil vilja kanda ja vaimuande saada. Seega, kui me võtame Püha Vaimu vastu ja tegutseme tõe kohaselt, tegutseb Ta meis nii, et me võime kanda armastuse, rõõmu, rahu, kannatlikkuse, headuse, ustavuse, tasaduse ja enesevalitsuse vilja (Galaatlastele 5:22-23). Ta ei piirdu vaid sellega, vaid Ta annab ka ande, mis on kasuks meie vaimses elus usklikena – tarkusesõna, tunnetuse sõna, usuand, tervendusannid, imetegude tegemise and, prohvetliku kuulutamise and, vaimude eristamise and, erinevate keelte rääkimise and ja võõraste keelte tõlgitsemise and (1. Korintlastele 12:7-10).

Peale selle, Vaim ka räägib meile (Apostlite teod 10:19), annab meile käske (Apostlite teod 8:29) ja vahel keelab meil tegutseda, kui see Jumala tahte vastu läheb (Apostlite teod 16:6).

Kolmainu Jumal teostab pääsemise ettehoolde

Seega Isa, Poeg ja Püha Vaim olid esialgu üks. Alguses valitses kogu universumit üks Jumal, kes oli olemas kumisevat häält sisaldava Valgusena (Johannese 1:1; 1. Johannese 1:5). Siis, teatud hetkel hakkas Ta planeerima inimese kasvatamise ettehoolet, et saada omale tõelisi lapsi, kellega Ta võiks armuosaduses olla. Ta jagas ühe ruumi, kus Ta esialgu viibis, mitmeks ja hakkas Kolmainu Jumalana eksisteerima.

Jumala Poeg Jeesus Kristus sündis Algsest Jumalast (Apostlite teod 13:33; Heebrealastele 5:5) ja Jumala Püha Vaim sündis samuti Algsest Jumalast (Johannese 15:26; Galaatlastele 4:6). Seega Jumal Isa, Jumala Poeg ja Jumala Püha Vaim ehk Kolmainu Jumal on inimkonna pääsemise ettehoolet teostanud ja jätkavad selle ühist teostamist Suure Valge Trooni kohtupäevani.

Kui Jeesus pandi ristile, ei kannatanud Ta üksinda. Isa Jumal ja Püha Vaim kannatasid Temaga koos valu. Samuti, kui Püha Vaim täidab oma teenistust siin maa peal hingede tõttu leinates ja eestpalvet tehes, tegutsevad ka Isa Jumal ja Isand Temaga ühiselt.

1. Johannese 5:7-8 öeldakse: „Jah, tunnistajaid on kolm: Vaim, vesi ja veri, ja need kolm on üks." Vesi on Jumala Sõna teenistuse sümbol ja veri sümboliseerib vaimselt Isanda teenistust ja Tema

vere valamist ristil. Kolmainu Jumal annab kõigile usklikele päästetõenduse, üheskoos oma teenistustes tegutsedes.

Samuti öeldakse Matteuse 28:19: „Minge siis, tehke jüngriteks kõik rahvad, ristides neid Isa ja Poja ja Püha Vaimu nimesse." Ja 2. Korintlastele 13:13 öeldakse: „Isanda Jeesuse Kristuse arm, Jumala armastus ja Püha Vaimu osadus olgu teie kõikidega!" Me näeme sellest, et inimesi ristitakse ja õnnistatakse Kolmainu Jumala nimel.

Niimoodi, kuna Isa Jumal, Jumala Poeg ja Jumala Püha Vaim on ühe loomuse, ühe südame ja ühe meelega oma päritolu poolest, eristatakse neist igaühe rolle inimese kasvatamisel korrakohaselt. Jumal ise eraldas Vana Testamendi perioodi, kus Jumal Isa juhatas oma rahvast ise; Uue Testamendi perioodi, kus Jeesus tuli maailma, et inimkonna Päästjaks saada; ja viimase armuaja perioodi, kus Aitaja Püha Vaim teostab Tema teenistust. Kolmainu Jumal on oma tahet teostanud igal vastaval perioodil.

Apostlite teod 2:38 öeldakse: „Parandage meelt ja igaüks teist lasku ennast ristida Jeesuse Kristuse nimesse oma pattude andekssaamiseks, ning siis te saate Püha Vaimu anni." Ja nii nagu kirjutatakse 2. Korintlastele 1:22: „[Jumal], kes on meid ka pitseriga kinnitanud ning meile andnud käsirahaks Vaimu südamesse", kui me võtame Jeesuse Kristuse vastu ja saame Püha Vaimu, ei saa me ainult jumalalapseks saamise õigust (Johannese 1:12), vaid me võime saada ka Püha Vaimu juhatust, et patust vabaneda ja Valguses elada. Kui meie hinge lugu on hea, on meil kõiges hea käekäik ja me saame nii vaimse kui füüsilise tervise õnnistuse. Ja kui me läheme

Taevasse, tunneme me ka rõõmu igavesest elust!

Kui Isa Jumal oleks üksinda olemas olnud, ei suudaks me pääsemist täielikult vastu võtta. Me vajame Jeesust Kristust, sest me võime jumalariiki minna ainult pärast seda, kui me oleme pattudest puhtaks pestud. Ja kui meil tuleb püüda pattudest vabaneda ja Jumala kujule sarnaneda, vajame me Püha Vaimu abi. Kuna Kolmainu Jumal – Isa, Poeg ja Püha Vaim – aitavad meid, võime me täielikule pääsemisele jõuda ja Jumalat austada.

Sõnastik

Liha ja liha teod

Mõiste „liha" on vaimsest perspektiivist lähtuv üldmõiste, mis tähistab meie südames olevat väärust, mis tuleb teona esile. Näiteks vihkamist, kadedust, abielurikkumist, uhkust ja sarnast, mis tuleb esile teatud tegudena nagu vägivalla, kuritarvitamise, mõrva jne kujul, kutsutakse ühe sõnaga „lihaks" ja kõiki patte nende seast kutsutakse eraldi liigitatuna „liha tegudeks."

Lihahimu, silmahimu, elukõrkus

„Lihahimu" tähistab iseloomuomadusi, mis panevad inimesi liha soove järgides pattu tegema. Nende kalduvuste hulka kuuluvad vihkamine, uhkus, raev, laiskus, abielurikkumine jne. Kui need patused loomuomadused sattuvad teatud keskkonda, mis neid provotseerib, hakkab lihahimu paljastuma. Näiteks, kui kellelgi on teiste üle „kohtumõistmise ja hukkamõistu" patune omadus, meeldib talle kuulujutte kuulata ja ta tunneb keelepeksust rõõmu.

„Silmahimu" tähistab patust loomuomadust, mis paneb inimese soovima lihalikke asju, kui nägemis- ja kuulmismeeled provotseerivad südant. Silmahimu stimuleeritakse, kui me näeme ja kuuleme selle maailma asju. Kui neist asjust ei vabaneta, ent jätkatakse nende vastuvõtmist ja sisendamist, provotseeritakse lihahimu ja me lõpetame pattu tehes.

„Elukõrkus" tähistab inimese patust loomuomadust, mis paneb temasse soovi end hoobeldes või kiideldes teistele näidata, samal ajal selle maailma rõõme järgides. Kui inimesel on niisugune patune loomuomadus, püüab ta pidevalt enese heas valguses näitamiseks omale selle maailma asju saada.

3. peatükk

Liha teod

„Lihaliku loomuse teod on ilmsed, need on: hoorus, rüvedus, kõlvatus, ebajumalateenistus, nõidus, vaen, riid, kiivus, raevutsemine, isemeelsus, lõhed, lahknemised, kadetsemine, purjutamised, prassimised ja muu sarnane, mille eest ma teid hoiatan, nagu ma varemgi olen hoiatanud, et need, kes midagi niisugust teevad, ei päri Jumala riiki."
(Galaatlastele 5:19-21)

Isegi kaua aega usklikud kristlased ei pruugi olla kursis „liha tegude" mõistega, sest paljudel juhtudel ei õpetata kogudustes patu kohta spetsiaalselt. Aga me peame Jumala tahet täpselt teadma nii selgelt nagu sellest kirjutatakse Matteuse 7:21: „Mitte igaüks, kes mulle ütleb: „Isand, Isand!", ei saa taevariiki; saab vaid see, kes teeb mu Isa tahtmist, kes on taevas" ja me peame kindlasti teadma, milliseid patte Jumal vihkab.

Jumal ei kutsu üksnes nähtavaid valesid tegusid „pattudeks", vaid Ta peab patuks ka vihkamist, armukadedust, kohtumõistmist ja/või teiste hukkamõistu, kalkust, valelikku südant jms. Piibli alusel „Aga kõik, mis ei tule usust, on patt" (Roomlastele 14:23), kutsutakse „pattudeks" seda, kui me teame, mis on õige ja ei tee seda (Jakoobuse 4:17), ei tee head, mida ma teha tahan ja teen selle asemel kurja, mida ma teha ei taha (Roomlastele 7:19-20), liha tegusid (Galaatlastele 5:19-21) ja lihalikke asju (Roomlastele 8:5).

Kõik niisugused patud moodustavad meie ja Jumala vahelise müüri, nii nagu kirjutatakse Jesaja 59:1-3: „Vaata, Isanda käsi

ei ole päästmiseks lühike ega ole Ta kõrv kuulmiseks kurt, vaid teie süüteod on teinud vahe teie ja teie Jumala vahele, teie patud varjavad Tema palge teie eest, sellepärast Ta ei kuule. Sest teie käed on rüvetatud verega ja teie sõrmed süüga, teie huuled väidavad valet, teie keel kõneleb kõverust".

Seega missugused konkreetsed patumüürid seisavad meie ja Jumala vahel?

Lihalikud asjad ja liha teod

Tavaliselt kasutatakse inimihust rääkides vaheldumisi sõnu „ihu" ja „liha". Aga „liha" vaimne määratlus on erinev. Galaatlastele 5:24 öeldakse: „Jeesuse Kristuse omad on lihaliku loomuse risti löönud koos kirgede ja himudega." Aga see ei tähenda, et me oleme oma ihu tegelikult risti löönud.

Me peame teadma sõna „liha" vaimset tähendust, et ülaltoodud salmi tähendusest aru saada. Sõna „liha" kasutusel ei ole alati vaimset tähendust. Vahel viitavad nad lihtsalt inimihule. Sellepärast on meil seda mõistet selgemini teada vaja, et me võiksime näha, millal seda sõna kasutatakse vaimses mõttes ja millal mitte.

Algselt loodi inimene vaimu, hinge ja ihuga ja ta oli patuta. Aga Jumala Sõnale mitte kuuletumise järgselt muutus inimene patuseks. Ja kuna patu palk on surm (Roomlastele 6:23), suri vaim, mis on inimese peremees. Ja inimihust sai tühine asi, mis aja jooksul muutub põduraks, kõduneb ja millest saab taas peotäis põrmu. Ja seega inimese ihus on patt ja ta teeb tegudes neid patte. Siit tuleb sõna „liha" mõte.

„Liha" kujutab vaimse mõistena patuloomuse ja väljalekkinud tõega inimihu kombinatsiooni. Seega, kui Piiblis räägitakse „lihast", tähistab see pattu, mis ei ole veel teostunud, kuid mida võib igal hetkel esile kutsuda. Selle alla kuuluvad patumõtted ja igasugused mud liiki patud meie ihus. Ja kõiki neid patte kutsutakse ühiselt „lihalikeks asjadeks".

Teiste sõnadega – vihkamist, uhkust, raevu, kohtumõistmist, hukkamõistu, abielurikkumist, ahnust jms kutsutakse ühiselt „lihaks" ja iga sellist pattu kutsutakse omaette „lihalikuks asjaks". Seega, kuniks need lihalikud asjad jäävad inimsüdamesse, võivad need õigetes oludes igal ajal patutegudena esile tulla. Näiteks, kui inimsüdames on petlik loomuomadus, ei pruugi see tavalistes oludes nii ilmselge olla, aga kui inimesele avaldatakse survet ebasoodsas või pakilises olukorras, võib ta teisele inimesele petlike sõnade või tegude kaudu valetada.

Niimoodi esile tulevad patud on samuti „lihast", kuid iga teoks tehtud pattu kutsutakse „liha teoks". Kui teil on näiteks soov kedagi lüüa, peetakse seda „halba soovi" „lihalikuks asjaks". Ja kui te tegelikult kedagi lööte, peetakse seda omakorda „liha teoks".

Kui te vaatate 1. Moosese 6:3, öeldakse seal: „Aga Isand ütles: „Minu Vaim ei pea igavesti jääma inimesse, sest ta on ikkagi ainult liha." Jumal ütleb, et Ta ei ürita inimesega enam igavesti tegeleda, sest inimene muutus lihaks. Aga kas see tähendab, et Jumal ei ole meiega? Ei, see pole nii. Kuna me võtsime Jeesuse Kristuse vastu, saime Püha Vaimu ja sündisime taas jumalalastena, ei ole me enam lihalikud inimesed.

Kui me elame Jumala Sõna järgi ja järgime Püha Vaimu juhatust, sünnitab Vaim inimvaimu ja me muutume vaimseteks inimesteks. Jumal, kes on Vaim, viibib nendega, kes muutuvad igal päeval vaimseks inimeseks. Aga Jumal ei viibi nende inimestega, kes ütlevad, et nad usuvad ja jätkavad ikka patustamist ja teevad liha tegusid. Piiblis osutatakse üha, kuidas niisugused inimesed ei saa pääsemist vastu võtta (Laul 92:7; Matteuse 7:21; Roomlastele 6:23).

Liha teod, mis ei lase inimesel jumalariiki pärida

Kui me saame pärast patu keskel elamist aru, et me oleme patused ja võtame Jeesuse Kristuse vastu, püüame me enam mitte teha lihalikke tegusid, mis on otseselt „pattudena" nähtavad. Jah, Jumalal ei ole „lihalikest tegudest" hea meel, kuid tegelikult võivad just „lihalikud teod" meid jumalariigi pärandita jätta. Seega me peame püüdma veelgi rohkem, et me ei teeks kunagi liha tegusid.

1. Johannese 3:4 öeldakse: „Igaüks, kes teeb pattu, rikub ka seadust, ning patt on seaduserikkumine." Siin tähistab „Igaüks,

kes teeb pattu" igaüht, kes teeb liha tegusid. Samuti, ebaõiglus on seadusetus; seega, kui te olete ebaõiglane, hoiatatakse Piiblis, et te ei saa pääsemist vastu võtta.

1. Korintlastele 6:9-10 öeldakse: „Või te ei tea, et ülekohtused ei päri Jumala riiki? Ärge eksige: ei kõlvatud ega ebajumalateenijad, ei abielurikkujad ega lõbupoisid ega meestepilastajad, ei vargad ega ahned, ei joodikud ega pilkajad ega riisujad päri Jumala riiki!"

Matteuse 13. peatükis seletatakse selgelt, mis juhtub niisuguste inimestega ajastu lõpus: „Inimese Poeg läkitab oma inglid ja need korjavad Tema Kuningriigist kõik pahanduse- ja ülekohtutegijad ja viskavad nad tuleahju: seal on ulgumine ja hammaste kiristamine" (41.-42. salm). Miks see juhtub? See juhtub, kuna need inimesed elasid patust vabaneda püüdmise asemel selle maailma väärusega kompromissile minevat elu. Seega, Jumala silmis ei ole nad „nisu", vaid „sõklad".

Sellepärast on kõige olulisem leida esiteks, millised patumüürid oleme meie ehitanud Jumala ja enese vahele ja me peame selle müüri lammutama. Alles pärast seda, kui me lahendame patuprobleemi, saab Jumal tunnistada, et meil on usk ja me võime „viljana" kasvada ja küpseda. Ja see on, kui me võime saada palvevastused ja kogeda tervenemist ja õnnistusi.

Ilmsed liha teod

Kuna liha teod tulevad tegudena esile, võime me selgelt näha tehtud patu kõlvatut ja rikutud kuju. Liha kõige ilmsemad teod on amoraalsus, ebapuhtus ja sensuaalsus. Need on seksuaalsed patud ning selliste pattude tegijad ei saa pääseda. Seega, igaüks, kelle kohta need patud kehtivad, peab kiiresti meelt parandama ja nendelt teedelt pöörduma.

1) Ebamoraalsus, ebapuhtus, sensuaalsus

Esiteks, „ebamoraalsus" tähistab siin seksuaalset ebamoraalsust, kui mees ja naine, kes ei ole abielus, on teineteisega füüsilses suhtes. Kuna meie ühiskond on täis pattu, on tänapäeval ja sellel ajastul abielueelsed seksuaalsuhted normaalseks muutunud. Aga isegi kui kaks inimesed abielluvad tulevikus ja tõesti armastavad teineteist, peetakse seda ikkagi vääraks teoks. Kuid praegusajal ei tunne inimesed isegi häbi. Nad ei pea niisugust tegevust isegi patuks, sest draamade ja filmide kaudu saavad ühiskonnas ebaseaduslike afääride ja tõest kõrvale kalduvate suhete lood „ilusateks armastuslugudeks". Kui inimesed vaatavad niisuguseid draamasid ja filme ja saavad ise taolisse kaasatud, muutub nende pattu puudutav otsustusjõud häguseks ja vähehaaval muutuva inimesed patu suhtes täiesti tundetuks.

Seksuaalne ebamoraalsus ei ole vastuvõetav isegi eetilisest ega moraalsest vaatenurgast. Seega, kuivõrd vastuvõetamatum on see püha Jumala silmis? Kui kaks inimest tõesti armastavad teineteist, peaksid nad esiteks saama abielu institutsiooni kaudu tunnustuse Jumalalt ja oma vanematelt ja sugulastelt ja siis oma vanemad jätma ja üheks lihaks saama.

Teiseks, seksuaalne ebamoraalsus on see, kui abielus mees või naine ei pea oma abielutõotust pühana. Nimelt, see sünnib, kui abielumees või -naine lubab omale suhet kellegi muu kui oma seadusliku abikaasaga. Aga peale abielurikkumise, mis esineb inimestevahelistes suhetes, on ka vaimne abielurikkumine, mida inimesed sageli teevad. See sünnib, kui inimesed, kes peavad end usklikuks, kummardavad ebajumalaid või küsivad nõu sensitiivilt või nõialt või sõltuvad mingist mustast maagiast või kurjast lummusest. See on kurjade vaimude ja deemonite kummardamise tegu.

Kui te vaatate 4. Moosese 25. peatükki, kui Iisraeli lapsed olid Sittimis, ei teinud inimesed vaid ebamoraalseid tegusid Moabi naistega, vaid nad ka kummardasid nende ebajumalakujusid. Selle tulemusel tabas neid Jumala viha ja 24000 inimest surid ainsa päevaga katku. Seega, kui keegi ütleb, et ta usub Jumalat ja sõltub ikka ebajumalatest ja deemonitest, on tegu vaimse abielurikkumisega ja Jumala reetmisega.

Järgmiseks, „ebapuhtusega" on tegu, kui mingi patune loomuomadus läheb liiale ja muutub rüvedaks. Näiteks, kui abielurikkuja süda läheb liiale, võib röövel vägistada nii ema kui tütre ühekorraga. Kui armukadedus läheb liiale, võib ka sellest saada „ebapuhtus". Näiteks, kui inimene muutub armukadedaks teise inimese peale ja joonistab sellest inimesest pildi ja viskab pildi sisse nooli või torkab seda pilti nõeladega, tulevad sellised ebanormaalsed teod armukadedusest ja nende näol on tegu „ebapuhtusega".

Enne kui inimene usub Jumalat, võib temas olla vihkamise, armukadeduse või abielurikkumise patuseid loomujooni. Aadama pärispatu tõttu on iga inimene sündinud väärusega, mis on iga inimese loomuse juur. Kui need inimese patused loomuomadused ületavad teatud piiri ja lähevad moraali ja eetika piiridest kaugemale ning põhjustavad teisele inimesele kahju ja valu, ütleme me, et see on „ebapuhas".

„Sensuaalsus" on lõbu taotlemine sensuaalsetest asjadest nagu seksuaalsetest soovidest ja fantaasiatest ja igasuguste ebasündsate tegude tegemine neid himuraid soove järgides. „Sensuaalsus" erineb „abielurikkumisest" selle poolest, et inimene elab suurema osa oma igapäevaelust, abielurikkumise mõtetest, sõnadest ja/või tegudest läbi imbunult. Näiteks, loomaga paaritumine või homoseksuaalsed suhted – naine teeb ebasündsaid tegusid teise naisega või mees teise mehega – või seksimänguasjade kasutamine jms on „sensuaalsuse" kategooriasse liigituvad kurjad teod.

Tänapäeva ühiskonnas ütlevad inimesed, et homoseksualiste tuleb austada. Aga see läheb Jumala ja ratsionaalsuse vastu (Roomlastele 1:26-27). Samuti, mehed, kes peavad end naiseks või naised, kes mõtlevad endast kui mehest või transseksuaalid, ei ole Jumalale vastuvõetavad (5. Moosese 22:5). See läheb Jumala loomiskorrale vastu.

Kui ühiskond hakkab patu tõttu riknema, muutub esiteks korratuks inimeste seksi puudutav moraal ja eetika. Ajalooliselt, mil iganes ühiskonna seksuaalkultuur muutus rikutuks, järgnes sellele Jumala kohtumõistmine. Soodom ja Gomorra ja Pompei on väga head näited selle kohta. Kui me näeme, kuidas meie ühiskonna seksuaalkultuur muutub kogu maailmas korratuks – jõudes kohta, kus seda ei saa taastada – võime me teada, et Kohtupäev on lähedal.

2) Ebajumalakummardamine, nõidus ja vaen

„Ebajumalaid" võib jagada kahte peamisse kategooriasse. Esimene neist loob kujuta jumala kuju, moodustades sellele mingi füüsilise kuju või mingisugust kuju valmistades ja sellest ülistusobjekti tehes. Inimesed tahavad asju, mida nad saavad oma silmadega näha, oma kätega puudutada ja oma ihuga tunda. Sellepärast kasutavad inimesed puitu, kive, terast, kulda või hõbedat, et luua kujutisi inimesest, loomadest, lindudest või kaladest, et neid kummardada. Või nad annavad mingi nime nagu päikese-, kuu- ja tähtede jumala nime ja kummardavad seda (5. Moosese 4:16-19). Seda kutsutakse „ebajumalakummardamiseks".

2. Moosese 32. peatükis me näeme, et kui Mooses läks Siinai mäele käsuseadust saama ja ei naasnud otsekohe, tegid iisraellased kuldvasika ja kummardasid seda. Isegi kui nad nägid arvutuid imesid ja tunnustähti, nad ikkagi ei uskunud ja lõpuks hakkasid nad ebajumalat kummardama. Jumal nägi seda ja neid tabas Tema viha ning Ta ütles, et Ta hävitab nad. Sel ajal pääsesid nende elud tänu Moosese innukale palvele. Aga selle sündmuse tulemusel ei saanud väljarände ajal üle kahekümne aastased Kaananimaale minna ja surid kõrbes. Sellest võib näha lihtsalt kuivõrd Jumal vihkab ebajumalate tegemist, nende kummardamist või nende ülistamist.

Teiseks, kui leidub midagi, mida me armastame Jumalast enam, saab sellest ebajumal. Koloslastele 3:5-6 öeldakse: „Surmake nüüd need liikmed, mis on maa peal: hoorus, rüvedus, kirg, kuri himu ja ahnus, mis on ebajumalateenistus. Nende pärast tuleb Jumala viha [sõnakuulmatute laste peale]."

Näiteks, kui kellegi südames on ahnus, võib ta materiaalset vara Jumalast enam armastada ja selleks, et rohkem raha teenida, ei pruugi ta hingamispäeva pühitseda. Samuti, kui inimene püüab oma südames olevat ahnust rahuldada, armastades Jumalast enam teisi inimesi või asju — nagu oma abikaasat, lapsi, kuulsust, väge, teadmisi, meelelahutust, televisiooni, sporti, hobisid või kohtamas käimist – ja talle ei meeldi palvetada ega innukat usuelu elada, on tegu ebajumalakummardamisega.

Lihtsalt seetõttu, et Jumal keelas meil ebajumalakummadamise, on mõnel inimesel vääraskusaam, kui nad küsivad: „Kas siis Jumal tahab, et me kummardaksime ainult Teda ja armastaksime Teda?" ja nad peavad Jumalat isekaks. Jumal ei käskinud meil ainult Teda kõigepealt armastada, kuna Ta on diktaator. Ta tegi seda, et juhtida meid inimolendite väärilist elu elama. Kui inimene armastab muid asju Jumalast enam ja kummardab neid, ei saa ta täita oma kohustusi inimolendina ja ei saa oma elus olevast patust vabaneda.

Järgmiseks, sõnaraamatus määratletakse „nõidust" kui „kurjade vaimude, musta maagia, nõiakunsti abil oletavalt üleloomulikku väge või nõidust kasutava inimese praktikat või loitsusid". Šamaanide, sensitiivide ja sarnaste käest nõu saamine langeb sellesse kategooriasse. Mõned inimesed lähevad šamaani või sensitiivi jutule, et küsida nõu oma lapse suhtes, kes valmistub ülikooli sisseastumiseksamiks või et leida, kas nende pruut või peig on neile sobiv kaaslane. Või kui neil tekib kodus mingi probleem, püüavad nad saada hea õnne jaoks amuletti või õnneasjakest. Aga jumalalapsed ei tohiks kunagi niisuguseid asju teha, sest nende asjade tegemine toob nende ellu kurjad vaimud ja selle tulemusel esineb suurem viletsus.

„Lummused" ja „loitsud" on teiste petmise taktika, nagu kellegi tüssamiseks kurjade plaanide leiutamine või nende lõksu langema panek. Vaimsest perspektiivist on „nõidus" teise inimese tüssamine riukaliku pettuse abil. Sellepärast valitseb tänapäeval pimedus meie ühiskonna eri osades.

„Vaen" on halvakspanu või vaenutunne kellegi vastu ja tema ülima hävingu soov. Kui uurida hoolikalt teise inimesega vaenujalal olevate inimeste südant, võib näha, et need inimesed tegelikult eemaldusid ja vihkasid teist inimest, kas selle tõttu, et teine inimene ei meeldinud neile mingil põhjusel või nende oma kurjade tunnete tõttu. Aga kui need kurjad tunded kasvavad teatud piirini, võivad need lahvatada ja muutuda tegudeks, mis võivad teisele inimesele kahju teha; nagu näiteks nende vastu laimu tekitamine, nende kohta keele peksmine ja nende mustamine ja igasugused muud pahaloomulised kurjad teod.

Saamueli 16. peatükist võib näha, et niipea kui Isanda Vaim jättis Sauli, tulid kurjad vaimud teda piinama. Aga kui Taavet oma harfi mängis, taastus Saul ja tundis end hästi ning kurjad vaimud lahkusid tema juurest. Samuti, Taavet tappis vilisti hiiglase Koljati lingu ja kivi abil ja päästis Iisraeli rahva kriisist, pannes oma elu kaalule, et Saulile ustav olla. Aga Saul kartis, et Taavet võtab ta valitsuse üle ja veetis mitu aastat Taaveti tapmiseks teda taga ajades. Lõpuks Jumal ütles Saulist lahti.

Jumala Sõnas öeldakse, et me armastaksime isegi oma vaenlasi. Seega me ei tohiks kunagi kellegagi vaenujalal olla.

3) Võimuvõitlus, armukadedus, vihapursked

„Võimuvõitlus" esineb siis, kui inimesed seavad oma isikliku tulu ja võimu teistest ette ja võitlevad selle eest. Tüli saab tavaliselt alguse ahnusest ja põhjustab konflikte, mis viivad tülini riigijuhtide, poliitiliste parteide liikmete, pereliikmete, koguduse inimeste vahel ja kõigis muudes inimestevahelistes suhetes.

Korea ajaloos on riigijuhtide vahelise võimuvõitluse näide. Dae Won Goon, Chosuni dünastia viimase keisri isa ja tema minia keisrinna Myong Sung vaidlesid poliitilise võimu teemal ja mõlemal oli eri võõrriikide võimukandjate toetus. See kestis üle kümne aasta. Selle tulemuseks oli riiklik kaos, mis viis omakorda mässule ja sõjaväe ülestõusule ning isegi talunike revolutsioonile. Selle tulemusel tapeti palju poliitilisi juhte ja Jaapani palgamõrvarid tapsid ka keisrinna Myong Sung'i. Lõpuks kaotas Korea riigi peamiste juhtide vaidluse tõttu oma suveräänsuse jaapanlastele.

Ka abikaasade või vanema ja lapse vahel võib esineda riid. Kui mõlemad abikaasad tahavad, et teine inimene pööraks tähelepanu tema soovidele, võib see tekitada riidu ja isegi lahutusele viia. Esineb isegi juhtumeid, kes abikaasad kaebavad teineteist kohtusse ja neist saavad eluaegsed vaenlased. Kui koguduses on riid, saab sellest alguse saatana töö ja see takistab koguduse kasvu ja ei lase ühelgi koguduse osakonnal õieti toimida.

Nii nagu me loeme Piiblist, esineb seal sageli stseene, kus on konfliktid ja riiud. 2. Saamueli 18:7 näeme me, kuidas Taaveti poeg Absalom juhatas Taaveti vastast mässu ja kakskümmend tuhat meest tapeti ühe päevaga. Samuti, Saalomoni surma järgselt jagunes Iisrael põhjapoolseks Iisraeli kuningriigiks ja lõunapoolseks Juuda kuningriigiks ja isegi pärast seda jätkusid tülid ja sõda edasi ja edasi. Eriti ähvardas riid pidevalt valitsust Iisraeli põhjapoolses kuningriigis. Seega, ma loodan, et te taotlete alati teiste kasu ja peate rahu, teades, et tülid toovad valu ja hävingut.

Järgmiseks, „armukadedusega" on tegu siis, kui inimene eemaldub teistest inimestest ja vihkab neid, sest ta on kade nende peale ja arvab, et nad on temast paremad. Kui kadedus kasvab, võib sellest saada viha, mis on täis kurjust. See võib tekitada riidlemist, mis tekitavad vaidlusi.

Piiblist nähtub, et Jaakobi kaks naist – Lea ja Raahel – kadestasid teinetest ja Jaakob oli kahevahel (1. Moosese 30. peatükk). Kuningas Saul oli Taaveti peale kade, sest inimesed armastasid Taavetit enam kui Sauli (1. Saamueli 18:7-8). Kain kadestas oma venda Aabelit ja tappis ta (1. Moosese 4:1-8). Armukadedus tekib inimsüdames olevast kurjusest, mis provotseerib inimest oma ahnust rahuldama.

Kõige lihtsam viis leida, kas teis esineb armukadedust, on see, kui te tunnete kunagi ebamugavust, kui teine inimene on edukas ja tal läheb elus hästi. Lisaks, teile võib teine inimene ebameeldivaks muutuda ja te tahate talle kuuluvat omale. Samuti, kui te võrdlete end kunagi teise inimesega ja tunnete, et teie julgus kaob, on selle probleemi juurpõhjuseks kadedus. Kui see inimene on sarnase vanusega, usu, kogemuste ja taustaga või sarnases keskkonnas, on eriti lihtne tema vastu kadedust tunda. Täpselt nii nagu Jumal käskis meil „oma ligimest armastada nagu iseend", kui teisele inimesele tehakse komplimente, sest nad on teist millegi poolest paremad, tahab Jumal, et me nendega koos rõõmustaksime. Ta tahab, et me oleksime rõõmsad, otsekui neid komplimente tehtaks meile.

„Vihapursked" on viha väljendus, mis ületab sisimas oleva viha, mida inimene püüab kontrolli all hoida. Vihapursetel on sageli laastav mõju. Inimesed, näiteks, vihastuvad kergelt, kui miski ei ühti nende arvamuse või mõtetega ja kasutavad vägivalda ja isegi tapmist. Kui inimene tunneb lihtsalt nördimust ja väljendab seda, ei takista see tema pääsemist, aga kui teis on kuri raevukas iseloomujoon, võite te vihapurskega vastata. Seega te peate sellise kurjuse juurtega eemaldama ja sellest vabanema.

Nii sündis kuningas Sauliga, kes kadestas Taavetit ja püüdis teda alatasa tappa lihtsalt seetõttu, et inimesed kiitsid Taavetit – kiitus, mida tema vääris! Piiblis on mitu kohta, kus Saul demonstreeris vihapurskeid. Kord viskas ta Taavetit odaga (1. Saamueli 18:11). Lihtsalt seetõttu, et Noobi linn aitas Taavetit, kui ta pages, tegi Saul selle linna maatasa. See oli preestrite linn ja Saul ei lasknud tappa vaid mehed, naised, lapsed ja imikud, vaid ta lõi maha ka härjad, eeslid ja lambad (1. Saamueli 22:19). Kui me vihastume niimoodi ülemääraselt, kuhjub meis suur hulk pattu.

4) Vaidlused, lahkarvamused, klikid

„Vaidlused" eraldavad inimesi. Kui neile miski ei sobi, moodustavad nad klikid või rühmitised. See ei tähista lihtsalt inimesi, kes on lähedased, jagavad midagi ühist või kohtuvad sageli. Need on vaenulikud rühmad, mille liikmed räägivd kuulujutte, kritiseerivad, mõistavad kohut ja taunivad. Need rühmad võivad moodustuda peresiseselt, naabruses ja isegi koguduses.

Kui kellelegi näiteks ei meeldi tema jumalasulased ja ta hakkab nende kohta sama arvamust omavate inimeste ringis keelt peksma, on tegu „saatana sünagoogiga". Kuna need inimesed takistavad jutlustajaid oma kohtumõistmise ja hukkamõistuga, ei saa koguduses, kus nad teenivad, olla äratust.

„Lahkarvamused" loovad klikke ja eraldavad inimesi teistest, kui nad järgivad oma tahet ja mõtteid. Kogudusesisese lahknevuse loomine on üks näide. See tegu läheb Jumala hea tahte vastu, kuna see tekib tugevast arvamusest, et kellegi mõtlemine on ainus õige mõtteviis ja kõik peab selle inimese omakasu saamiseks sobima.

Taaveti poeg Absalom reetis oma isa ja mässas tema vastu (2. Saamueli 15. peatükk), sest ta järgis oma ahnust. Selle mässu ajal seisid paljud iisraellased, isegi Taaveti nõuandja Ahitofel, Absalomi poolel ja reetsid ta. Jumal hülgab sellised inimesed, kes tegutsevad liha tegusid tehes. Seega, Absalom ja kõik tema poolel olijad kandsid lõpuks kaotust ja surid armetult.

„Ketserlus" on inimeste poolt nad ostnud Isanda salgamine, mis toob neile inimestele kiire hukatuse (2. Peetruse 2:1). Jeesus Kristus valas oma vere, et meid päästa, kui me olime keset pattu;

seega on õige öelda, et Ta ostis meid oma verega. Seetõttu, kui me väidame, et me usume Jumalat, ent salgame Püha Kolmainsust või salgame Jeesust Kristust, kes ostis meid oma verega, on see sama, mis enese peale hukatuse toomine.

On kordi, mil inimesed ei tea ketserluse tõelist mõistet ja süüdistavad teisi inimesi ketserluses ja mõistavad neid hukka lihtsalt seetõttu, et nad on neist veidi erinevad. Aga see on väga ohtlik tegevus ja võib Püha Vaimu töö takistamise kategooriasse liigituda. Kui keegi usub Kolmainu Jumalat — Isa, Poega ja Püha Vaimu ja ei salga Jeesust Kristust, ei saa me neid ketserluse tõttu hukka mõista.

5) Kadedus, mõrvad, joomarlus, pillav priiskamine

„Kadedus" on armukadedus tegudes. Armukadedus tähendab teiste hukkamõistu või vastumeelsust nende suhtes, kui neil kõik sujub ja kadedus läheb sellest kaugemale, kui see halvakspanu provotseerib kedagi teisi kahjustavaid tegusid tegema. Tavaliselt võib kadedust leida kõige sagedamini naiste seas, aga see võib absoluutselt ka meeste hulgas esineda ja kui see edasi areneb, võib see viia raskete pattudeni – nagu näiteks tapmine. Ja isegi kui see ei lõpe mõrvaga, võib see minna nii kaugele, kus teist inimest heidutatakse või talle kahju tehakse või muudele kurjadele tegudele nagu näiteks teise inimese või inimeste vastu tehtud salasepitsustele.

Järgmiseks, „joomarlus". Piiblis on sündmus, kus Noa jõi pärast uputuse kohtumõistmist veini, jäi purju ja tegi vea. Noa purjusolek pani Noa lõpuks needma oma teist poega, kes paljastas ta nõrkuse. Efeslastele 5:18 öeldakse: „Ja ärge joovastuge veinist, millest tuleb liiderlikkus, vaid saage täis Vaimu." See tähendab, et purjusolek on patt.

Piiblis kirjutatakse veini joovatest inimestest, set Iisraelis on palju kuivi kõrbealasid ja seal on väga vähe vett. Seega, alternatiivse veini joogid, mis valmistati puhtast viinamarjamahlast ja teistest suure magusasisaldusega puuviljadest, olid lubatud (5. Moosese 14:26). Aga iisraellased jõid seda veini vee asemel, ent mitte nii palju, et sellest joobuda. Kuid meie maal on tänapäeval väga palju joogivett ja meil ei ole tõesti vajadust veini ega alkoholi juua.

Piiblist võib näha, et Jumal ei kavatsenud, et usklikud jooksid vägijooke nagu veini (3. Moosese 10:9; Roomlastele 14:21). Õpetussõnades 31:4-6 öeldakse: „Ei sünni kuningail, Lemuel, ei sünni kuningail juua veini ega vürstidel himustada vägijooki, et nad juues ei unustaks seadust ega väänaks kõigi vaeste õigust. Andke vägijooki norutajale ja veini sellele, kelle hing on kibestunud."

Te võite öelda: „Kas siis natuke ei või juua, niipalju, et sellest purju ei jää?" Aga isegi kui natukene juua, jääte te „lihtsalt natukene purju". Te joovastute ikka, isegi kui tegu on „ainult natukesega". Kui te jääte purju, kaob teie enesevalitsus, seega kui te olete tavaliselt rahulik ja leebe inimene, võite te joobunult vägivaldseks muutuda. On inimesi, kes hakkavad jämedalt rääkima ja jõhkralt käituma või teevad isegi stseeni. Samuti, kuna purju jäämine põhjustab ratsionaalse mõtlemise ja diskreetsuse kaotust, võivad mõned inimesed igasuguseid eri patte lõpuks teha. On väga tavaline näha, kuidas inimesed rikuvad oma tervist palju juues ja alkohoolikuteks muutunud inimesed ei põhjusta valu vaid endile, ent ka oma lähedaste elule. Kuid paljudel juhtudel, isegi kui inimesed teavad, kuivõrd kahjulik joomine võib olla, ei suuda nad lõpetada, kui nad algavad ja jätkavad joomist ja oma elu hävitamist. Sellepärast on „joomarlus" „liha tegude" nimekirja lisatud.

„Priiskamise" kategooriasse kuulub mitu asja. Kui keegi on joomise, mängimise, mängurluse ja sarnase küüsis, et ta ei suuda täita oma kohustusi perepeana ega lapsevanemana oma lapse eest hoolt kanda, peab Jumal seda „priiskamiseks". Samuti, enesevalitsuse puudumine ja seksuaalsete mõnude taotlemine ning ebamoraalne eluviis või omatahtsi elamine kuuluvad ka „priiskamise" kilda.

Tänapäeva ühiskonna järjekordne probleem on inimeste kinnisidee pinnapealsete luksusesemete ja brändinimede suhtes, mis paneb nad priiskama. Inimesed ostavad disainerkotte, -riideid, -kingi jms, mida nad ei suuda võimaldada, krediitkaartide eest, mis tekitab tohutusuure võla. Mõnel inimesel ei ole mingit võimalust võlga tasuda ja nad teevad isegi kuritegusid või sooritavad enesetapu. See juhtub, kui inimestel puudub enesevalitsus ja nad ei talitse oma ahnust ning taotlevad priiskamist ja peavad siis selle tagajärgede eest tasuma.

6) Ja sarnane...

Jumal ütleb meile, et peale juba mainitud liha tegude on veel palju muid liha tegusid. Aga kui me mõtleme: „Kuidas ma saan iial kõigist neist pattudest vabaneda?", ei tohiks me algusest peale alla anda. Isegi kui teie elus on palju patte, kui te otsustate südames kindlalt, suudate te kindlasti neist pattudest vabaneda. Kui te püüate liha tegusid mitte teha, aga näete palju vaeva, et häid tegusid teha ja palvetate pidevalt, saate te Jumalalt armu ja väe, et muutuda. See võib inimliku väevõimuga võimatu olla, kuid Jumala väega on kõik võimalik (Markuse 10:27).

Mis juhtub, kui te elate nagu maailmalikud inimesed keset pattu ja priiskamist, isegi kui te olete kuulnud ja teate, et teie ei saa jumalariiki pärida, kui te jätkate liha tegude tegemist? Siis olete te lihalik inimene, nimelt „sõklad", ja ei saa pääsemisele tulla. 1. Korintlastele 15:50 öeldakse: „Aga seda ma ütlen, vennad: liha ja veri ei või pärida

Jumala riiki ega kaduvus pärida kadumatust." Samuti, 1. Johannese 3:8 öeldakse: „Kes teeb pattu, on kuradist, sest kurat teeb pattu algusest peale. Selleks ongi Jumala Poeg saanud avalikuks, et Ta tühistaks kuradi teod."

Me peame meeles pidama, et kui me teeme liha tegusid ja meie ja Jumala vaheline patumüür kerkib, siis ei saa me Jumalaga kohtuda, palvetele vastuseid saada ega pärida jumalariiki ehk Taevast.

Aga lihtsalt see, et te olete Jeesuse Kristuse vastu võtnud ja Püha Vaimu saanud, ei tähenda, et te saate ühekorraga kõik liha teod ära lõigata. Kuid Püha Vaimu abil tuleb teil elada püha elu ja Püha Vaimu tulega palvetada. Siis võite te liha tegudest vähehaaval vabaneda. Isegi kui teil on veel mõned liha teod, millest te ei ole suutnud vabaneda, kui te püüate parimat anda, ei pea Jumal teid lihalikuks inimeseks, vaid Ta kutsub teid oma lapseks, kes sai usu läbi õigeks ja Ta viib teid pääsemisele.

Aga see ei tähenda, et te peaksite jääma tasemele, kus te jätkate liha tegude tegemist. Teil tuleb püüda mitte ainult vabaneda neist liha tegudest, mis on väliselt nähtavad, vaid te peaksite ka püüdma vabaneda neist lihalikest asjadest, mis ei ole väliselt nähtavad. Vana Testamendi ajal oli lihalikest asjadest raske vabaneda, sest Püha Vaim ei olnud veel tulnud ja seda tuli omaenese jõuga teha. Aga nüüd, Uue Testamendi ajal, võime me lihalikest asjadest Püha Vaimu abil vabaneda ja pühitsusele jõuda.

See on nii, kuna Jeesus Kristus andis meile juba kõik meie patud andeks ristil oma verd valades ja saatis meile Aitaja Püha Vaimu. Sellepärast ma palun, et te saaksite Pühalt Vaimult abi ja vabaneksite kõigist liha tegudest ja lihalikest asjadest ja et teid tunnistataks tõeliseks jumalalapseks.

4. peatükk

„Kandke nüüd meeleparandusele kohast vilja"

„Siis läks tema juurde Jeruusalemma ja terve Juudamaa ja kogu Jordani ümbruskonna rahvas, ning kui nad olid oma patud üles tunnistanud, ristis Johannes nad Jordani jões. Aga kui ta nägi palju varisere ja sadusere ristimisele tulevat, ütles ta neile: „Rästikute sugu, kes teid on hoiatanud põgenema tulevase viha eest? Kandke nüüd meeleparandusele kohast vilja ja ärge hakake iseenestes ütlema: „Meie isa on ju Aabraham!", sest ma ütlen teile: Jumal võib siinsetest kividest äratada Aabrahamile lapsi. Kirves on juba pandud puude juurte külge. Iga puu, mis ei kanna head vilja, raiutakse nüüd maha ja visatakse tulle."
(Matteuse 3:5-10)

Johannes oli enne Jeesust sündinud prohvet, kes „tegi Isanda teerajad sirgeks". Johannes teadis oma elu eesmärki. Seega, õige aja saabudes levitas ta usinalt sõnumeid tulevase Messiase – Jeesuse kohta. Sel ajal ootasid juudid Messiast, kes nende riigi päästaks. Sellepärast hüüdis Johannes Juudamaa kõrbes: „Parandage meelt, sest taevariik on lähedal!" (Matteuse 3:2) Ja ta ristis neid, kes patust meelt parandasid, veega ning juhatas nad edaspidi Jeesust oma Päästjaks vastu võtma.

Matteuse 3:11-12 öeldakse: „Mina ristin teid veega, et te meelt parandaksite, aga see, kes tuleb pärast mind, on minust vägevam. Mina ei kõlba tooma talle jalatseidki. Tema ristib teid Püha Vaimu ja tulega. Tal on visklabidas käes ja ta puhastab oma rehealuse ning

kogub oma nisud aita, aga aganad põletab ta ära kustutamatu tulega." Johannes rääkis inimestele ette, et Jumala Poeg Jeesus, kes tuli sellesse maailma, on meie Päästja ja on lõpuks ka meie Kohtumõistja.

Kui Johannes nägi, kuidas paljud variserid ja saduserid tulid, et neid ristitaks, kutsus ta neid „rästikute sooks" ja nuhtles neid. Ta tegi seda, kuna nad ei saanud meeleparanduse vilja kandmata pääsemist vastu võtta. Seega vaatame nüüd lähemalt Johannese manitsust, et näha täpsemalt, millist vilja me peame kandma, et pääseda.

Teie, rästikute sugu

Nii variserid kui saduserid olid judaismi eri harudest. Variserid kiitsid end kui „eraldatuid". Nad uskusid õigete ülestõusmist ja kurjade kohtumõistmist; nad pidasid rangelt kinni Moosese käsuseadusest ja vanemate pärimustest. Seega neil oli ühiskonnas oluline positsioon.

Saduserid aga olid aristokraatlikud preestrid, kelle huvid olid peamiselt templiga seotud ja kelle vaated ja kombed erinesid variseride omadest. Nad toetasid Rooma valitsuse ajal olevat poliitilist olukorda ja keeldusid uskumast ülestõusmist, igavest hinge loomust, ingleid ja vaimseid olendeid. Nad pidasid isegi jumalariiki ajalikuks.

Matteuse 3:7 noomis Ristija Johannes varisere ja sadusere, öeldes: „Rästikute sugu, kes teid on hoiatanud põgenema tulevase viha eest?" Miks Johannes kutsus neid teie arvates „rästikute sooks", kui nad pidasid end usklikeks?

Variserid ja saduserid väitsid, et nad uskusid Jumalat ja nad õpetasid käsuseadust. Aga nad ei tunnistanud Jumala Poega Jeesust. Sellepärast öeldakse Matteuse 16:1-4: „Ja variserid ja saduserid astusid Jeesuse juurde ning kiusates nõudsid, et Ta näitaks neile tunnustähte taevast. Tema aga kostis: „[Õhtu jõudes te ütlete: „Ilus ilm tuleb, sest taevas punetab." Ja varahommikul te ütlete: „Täna tuleb rajuilm, sest taevas punetab ja on sompus." Taeva palge üle otsustada te oskate, aegade tunnustähtede üle aga ei suuda.] See kuri ja abielurikkuja sugupõlv nõuab tunnustähte, aga talle ei anta muud kui prohvet Joona tunnustäht." Ja Ta jättis nad sinna ja läks ära."

Samuti öeldakse Matteuse 9:32-34: „Kui need olid lahkunud, vaata, siis toodi Tema juurde tumm mees, kes oli kurjast vaimust vaevatud. Ja kui kuri vaim oli välja aetud, hakkas tumm rääkima.

Rahvahulgad panid seda imeks ja ütlesid: „Sellist asja ei ole Iisraelis iialgi nähtud!" Variserid aga ütlesid: „Ta ajab kurje vaime välja kurjade vaimude ülema abil." Hea inimene rõõmustaks ja austaks Jumalat, sest Jeesus ajas kurja vaimu välja. Aga variserid pigem vihkasid Jeesust ja mõistsid Tema üle kohut ja mõistsid Ta hukka sõnadega, et Ta tegi kuradi tööd.

Matteuse 12. peatükis on stseen, kus inimesed püüavad Jeesuse süüdistamiseks mingit põhjust leida, küsides Tema käest, kas hingamispäeval on vale või õige kedagi terveks teha. Jeesus teadis nende kavatsusi ja tõi neile näite lambast, kes kukkus hingamispäeval auku, et õpetada neile, et hingamispäeval on õige head teha. Siis tervendas Ta kuivanud käega mehe. Kuid sellest sündmusest õppimise asemel tegid nad Jeesusest vabanemiseks salaplaani. Kuna Jeesus tegi seda, mida nemad ei suutnud teha, kadestasid nad Teda.

1. Johannese 3:9-10 öeldakse: „Ükski, kes on sündinud Jumalast, ei tee pattu, sest Jumala seeme püsib temas ja ta ei saa teha pattu, sest ta on sündinud Jumalast. Sellest on näha, kes on Jumala lapsed ja kes kuradi lapsed: ükski, kes ei tee õigust, ei ole Jumalast, nagu ka mitte see, kes ei armasta oma venda." See tähendab, et pattu tegev inimene ei ole Jumalast.

Variserid ja saduserid väitsid, et nad usuvad Jumalat ja ometi olid nad täis kurjust. Nad tegid lihalikke asju nagu näiteks tundsid armukadedust, vihkamist, uhkust ja mõistsid kohut ja taunisid teisi. Nad tegid ka muid lihalikke asju. Nad taotlesid vaid käsuseaduse pidamist ja selle formaalsusi ning maailmalikku au. Nad olid vana mao – saatana mõjualused (Johannese ilmutus 12:9); seega kui Ristija Johannes kutsus neid „rästikute sigitiseks", pidas ta seda silmas.

Kandke nüüd meeleparandusele kohast vilja

Kui me oleme jumalalapsed, peaksime me olema valguses, sest Jumal on Valgus (1. Johannese 1:5). Kui me oleme pimeduses, mis on Valguse vastand, ei ole me jumalalapsed. Kui me ei tegutse õiglusega ehk Jumala Sõna kohaselt või kui me ei armasta oma usukaaslasi, ei ole me Jumalast (1. Johannese 3:10). Sellised inimesed ei saa palvevastuseid. Nad ei saa vastu võtta pääsemist ega Jumala tööd kogeda.

Johannese 8:44 öeldakse: „Teie olete oma isast kuradist ning tahate teha oma isa himude järgi. Tema on mõrtsukas algusest peale, ta ei püsinud tões, sest temas ei ole tõde. Kui ta räägib valet, siis ta räägib enda oma, sest ta on valetaja ja vale isa."

Aadama sõnakuulmatuse tõttu on kogu inimkond sündinud vaenlasest kuradist, kes on pimeduse valitseja. Ainult need, kes võtavad vastu andestuse usu läbi Jeesusesse Kristusesse, sünnivad uuesti jumalalasteks. Aga kui te väidate, et te usute Jeesust Kristust ja te süda on jätkuvalt täis pattu ja kurjust, siis ei saa teid tõeliseks jumalalapseks pidada.

Kui me tahame jumalalapseks saada ja pääsemist vastu võtta, tuleb meil kiiresti igasugustest liha tegudest ja lihalikest asjadest meelt parandada ja kanda kohast meeleparanduse vilja, Püha Vaimu soovide järgi tegutsedes.

Ärge arvake, et Aabraham on teie isa

Pärast seda, kui Ristija Johannes kuulutas variseridele ja

saduseridele, et nad meeleparanduse vilja kannaksid, ütles ta: „Ja ärge hakake iseenestes ütlema: „Meie isa on ju Aabraham!", sest ma ütlen teile: Jumal võib siinsetest kividest äratada Aabrahamile lapsi" (Matteuse 3:9).

Milline on selle salmi vaimne tähendus? Aabrahami järglane peaks tema sarnane olema. Aga variserid ja saduserid olid erinevalt usuisast ja õiglasest inimesest Aabrahamist oma südame poolest täis seadusetust ja ebaõiglust. Nad tegid kurje tegusid ja kuuletusid kuradile ning pidasid end samal ajal jumalalasteks. Sellepärast Johannes noomis neid ja võrdles neid Aabrahamiga. Jumal näeb inimese südamepõhja, selle asemel et välispidist vaadata (1. Saamueli 16:7).

Roomlastele 9:6-8 öeldakse: „Aga see pole nõnda, et Jumala sõna oleks läinud tühja. Ei ole ju need kõik, kes pärinevad Iisraelist, veel Iisrael, ega ole kõik Aabrahami lapsed sellepärast, et nad on tema

järglased, vaid on öeldud: „Sinu sugu loetakse Iisakist." See tähendab: mitte lihased lapsed ei ole Jumala lapsed, vaid Tema sooks arvatakse tõotuse lapsed."

Isa Aabrahamil oli palju poegi; kuid ainult Iisaki järglastest said Aabrahami tõelised järglased – tõotatud järglased. Variserid ja saduserid olid vere poolest iisraellased, ent erinevalt Aabrahamist nad ei pidanud Jumala Sõna. Seega vaimses mõttes ei saanud neid Aabrahami tõelisteks lasteks tunnistada.

Samamoodi, lihtsalt see, et keegi võtab Jeesuse Kristuse vastu ja käib koguduses, ei tähenda, et temast saab automaatselt jumalalaps. Jumalalaps tähistab inimest, kes võttis usu läbi pääsemise vastu. Lisaks, usu omamine ei tähenda üksnes Jumala Sõna kuulmist. See tähendab selle ellurakendamist. Kui me tunnistame suuga, et me oleme Tema lapsed ja meie süda on ikka täis ebaõiglust, mis on Jumalale jäle, ei saa me end jumalalasteks pidada.

Kui Jumal oleks tahtnud lapsi, kes tegutseksid kurjast ajendatult, nii nagu variserid ja saduserid, oleks Ta valinud oma lasteks maas veerevad elutud kivid. Aga see ei olnud Jumala tahe.

Jumal tahtis omale tõelisi lapsi, kellega armuosaduses olla. Ta tahtis lapsi, kes olid nagu Aabraham, kes armastas Jumalat ja oli Talle täiesti kuulekas ning kes tegutses alati armastusest ja headusest lähtudes. Ta tahtis seda, kuna need inimesed, kes ei vabane oma südames kurjusest, ei suuda Jumalale tõelist rõõmu valmistada. Kui me elame nagu variserid ja saduserid, Jumala tahte asemel kuradi tahet järgides, siis Jumalal ei oleks olnud vaja inimese tegemise ja kasvatamise kallal nii palju vaeva näha. Ta oleks sama hästi võinud võtta kivid ja neist Aabrahami järglased teha!

„Iga puu, mis ei kanna head vilja, raiutakse maha ja visatakse tulle"

Ristija Johannes ütles variseridele ja saduseridele: „Kirves on juba pandud puude juurte külge. Iga puu, mis ei kanna head vilja, raiutakse nüüd maha ja visatakse tulle" (Matteuse 3:10).

Johannes peab sellega silmas, et kuna Jumala Sõna on kuulutatud, mõistetakse igaühe üle kohut tema tegude alusel. Seega, iga puu, mis ei kanna head vilja — nagu näiteks variserid ja saduserid — visatakse põrgutulle.

Matteuse 7:17-21 ütles Jeesus: „Nõnda siis kannab iga hea puu head vilja, aga halb puu halba vilja. Hea puu ei või kanda halba vilja ega halb puu kanda head vilja. Iga puu, mis ei kanna head vilja, raiutakse maha ja visatakse tulle. Küllap te tunnete nad ära nende viljast! Mitte igaüks, kes mulle ütleb: „Isand, Isand!", ei saa taevariiki; saab vaid see, kes teeb mu Isa tahtmist, kes on Taevas."

Jeesus ütles ka Johannese 15:5-6: „Mina olen viinapuu, teie olete oksad. Kes jääb minusse ja mina temasse, see kannab palju vilja, sest minust lahus ei suuda te midagi teha. Kes ei jää minu külge, heidetakse välja nagu oks, ja ta kuivab. Ja nad kogutakse kokku ja visatakse tulle ja nad põlevad ära." See tähendab, et jumalalapsed, kes tegutsevad Tema tahte kohaselt ja kannavad ilusat vilja, lähevad Taevasse, aga need inimesed, kes seda ei tee, on kuradi lapsed, kes visatakse põrgutulle.

Kui Piiblis räägitakse põrgust, kasutatakse seal sageli sõna „tuli". Johannese ilmutuses 21:8 öeldakse: „Aga argade ja uskmatute ja jäledate ja mõrtsukate ja hoorajate ja nõidade ja ebajumalateenijate ja kõigi valetajate osa on tule ja väävliga põlevas järves, see on teine surm." Esimene surm on inimese füüsilise elu lõpus ja teine surm on siis, kui inimese peremehe – hinge – üle mõistetakse kohut ja see läheb igavesse põrgutulle, mis ei kustu iialgi.

Põrgus on tulejärv ja põlev „väävlijärv". Inimestel, kes ei usu Jumalat ja kes väidavad, et nad usuvad Teda, kuid teevad ebaõiglust ja ei kanna meeleparanduse vilja, ei ole Jumalaga midagi ühist – seega nad lähevad põrgu tulejärve. Aga need inimesed, kes tegid midagi nii kurja, et sellest ei ole võimalik inimlikult mõteldagi või seisid Jumalale tõsiselt vastu või tegutsesid valeprohvetina ja panid paljud inimesed põrgusse minema, lähevad põlevasse väävlijärve, mis on seitse korda kuumem kui tulejärv (Johannese ilmutus 19:20).

Mõned väidavad, et kui te võtate Püha Vaimu vastu ja teie nimi on Eluraamatusse kirja pandud, pääsete te igal juhul. Kuid see ei ole tõde. Johannese ilmutuses 3:1 öeldakse: „Ma tean su tegusid, et sul on nimi, et sa elad. Ometi oled sa surnud." Johannese ilmutuses 3:5 öeldakse: „Kes võidab, see riietatakse samamoodi valgete rõivastega. Mina ei
kustuta tema nime eluraamatust ning ma tunnistan tema nime oma Isa ees ja Isa inglite ees." „Sul on nimi, et sa elad" tähistab neid, kes on vastu võtnud Jeesuse Kristuse ja kelle nimi on eluraamatusse kirja pandud. Aga see lõik näitab, et sellest hoolimata – kui inimene teeb pattu ja läheb surma teele, võidakse tema nimi eluraamatust kustutada.

2. Moosese 32:32-33 näeme me sündmust, kus Jumal on iisraellaste peale pahane ja on nende ebajumalakummardamise tõttu nende hävitamise äärel. Sel ajal tegi Mooses Iisraeli laste

eest palvet ja palus, et Jumal annaks neile andeks – isegi kui see oleks tähendanud Moosese nime eluraamatust kustutamist. Ja selle peale ütles Jumal: „Kes minu vastu on pattu teinud, selle ma kustutan oma raamatust" (2. Moosese 32:33). See tähendab, et isegi kui teie nimi oli raamatusse kirja pandud, võidakse see kustutada, kui te Jumalast ära langete.

Piiblis on tegelikult palju kohti, kus räägitakse nisu ja sõkalde eraldamisest usklike seas. Matteuse 3:12 öeldakse: „Tal on visklabidas käes ja Ta puhastab oma rehealuse ning kogub oma nisud aita, aga aganad põletab ta ära kustutamatu tulega." Samuti öeldakse Matteuse 13:49-50: „Nõnda on ka selle ajastu lõpul: inglid tulevad ja eraldavad kurjad õigete keskelt ning viskavad nad tuleahju. Seal on ulgumine ja hammaste kiristamine."

Siin tähistavad „õiged" usklikke ja „kurjad õigete keskelt" neid, kes väidavad, et nad on usklikud, kuid on lihtsalt sõkalde sarnased, surnud usuga, mis on usk ilma tegudeta. Need inimesed visatakse põrgutulle.

Meeleparandusele kohane vili

Ristija Johannes õhutas inimesi mitte üksnes meelt parandama, vaid samal ajal ka meeleparandusele kohast vilja kandma. Aga mis on meeleparandusele kohane vili? See on valguse vili, Püha Vaimu vili ja armastuse vili, mis on kõik ilusad tõeviljad.

Sellest võib lugeda Galaatlastele 5:22-23: „Aga Vaimu vili

on armastus, rõõm, rahu, pikk meel, lahkus, headus, ustavus, tasadus, enesevalitsus - millegi niisuguse vastu ei ole Seadus." Ja Efeslastele 5:9 öeldakse: „Valguse vili on ju igasuguses headuses ja õigluses ja tões " Vaatleme kõigi nende viljade seast üheksat Püha Vaimu vilja, mis kujutavad neid „häid vilju" suurepäraselt.

Esimene vili on armastus. 1. Korintlastele 13. peatükis öeldakse, mis tõeline armastus on, sõnadega „Armastus on pika meelega,
armastus hellitab, ta ei ole kade, armastus ei kelgi ega hoople, ta ei käitu näotult" (4.-5. salm). Teiste sõnadega, tõeline armastus on vaimne. Lisaks, niisugune armastus on ohvrimeelne armastus, millega inimene võib isegi oma elu anda jumalariigi ja selle õiguse eest. Niisugust armastust võib saada ainult siis, kui inimene vabaneb patust, kurjusest ja seadusetusest ja jõuab pühitsusele.

Teine vili on rõõm. Rõõmuviljaga inimesed suudavad rõõmustada mitte ainult siis, kui kõik läheb hästi, vaid nad on rõõmsad igasugustes oludes ja olukordades. Nad on alati rõõmsad ühes taevalootusega. Sellepärast nad ei muretse ja palvetavad alati usus, hoolimata probleemidest, mis neid tabada võivad ning saavad seekaudu oma palvetele vastused. Kuna nad usuvad, et kõikvõimas Jumal on nende isa, suudavad nad alati rõõmustada, lakkamatult palvetada ja igasugustes oludes tänulikud olla.

Rahu on kolmas vili. Niisuguse viljaga inimesel on süda, mis ei lähe kellegagi konflikti. Kuna niisugustes inimestes ei ole vihkamist, võitlemise ega tülitsemise kalduvust, enesekesksust ega isekust, suudavad nad teised esikohale panna, nende eest end ohvriks tuua, neid teenida ja hästi kohelda. Selle tulemusel võivad nad igal ajal teistega rahujalal olla.

Neljas vili on kannatlikkus. Selle vilja kandmine tähendab, et inimene on kannatlik arusaamise tõttu ja andestav. See ei tähenda, et inimene on „pealtnäha" kannatlik lihtsalt seetõttu, et ta talitseb sisimas keevat viha. See tähendab vabanemist kurjusest nagu vihast ja raevust ja selle asemel headuse ja tõega täitumist. See tähendab igasuguste inimeste mõistmise võimet ja nende aktsepteerimist. Ja kuna sellist vilja kandval inimesel ei ole negatiivseid emotsioone, ei ole tal vaja üldse sõnu nagu „andestav" ja „kannatlik". See vili ei puuduta ainult inimsuhteid, vaid tähendab ka oma südames olevast kurjusest vabanemise protsessi ajal kannatlikkust iseendaga ja kannatlikku ootust, kuni Jumala ette toodud palved ja petitsioonid on vastuse saanud.

Viies vili – lahkus – tähendab arusaamist, kui midagi või kedagi on raske mõista. Selline lahkus andestab ka siis kui on võimatu andestada. Kui teil on enesekeskne mõtlemine või kui te tunnete, et teil on alati õigus, ei saa te halastuse vilja kanda. Ainult siis, kui te jätate iseenese, aktsepteerite kõike suuremeelse südamega ja hoolite teistest inimestest, neid armastades, suudate te tõeliselt mõista ja andestada.

Kuues vili on headus. See jäljendab Kristuse südant ja on süda, mis ei vaidle ega suurusta iialgi ja ei murra rudjutud pilliroogu ega kustuta hõõguvat tahti. See on tõeline süda, mis on vabanenud igasugusest patust ja taotleb alati headust Pühas Vaimus.

Seitsmes vili on ustavus. See tähendab surmani ustav olemist – kui on vaja patu vastu võidelda ja sellest vabaneda, et saada tõesüdant. See on ka lojaalne ja ustav koguduses, kodus, tööl või mujal oma olemasolevate ülesannete täitmisel. See on ustav „kogu Jumala kojas".

Kaheksas vili on tasadus. Tasaduse vili tähendab, et inimese süda on pehme nagu puuvill, mis laseb sel inimesel aktsepteerida igasugust tüüpi inimesi. Kui te saate omale tasase südame, siis te ei solvu ega saa haiget, hoolimata sellest, kes tuleb ja üritab teid solvata. Täpselt nii nagu keegi viskab kivi suurde puuvillapuhmasse ja see võtab kivi lihtsalt endasse ja kivi kaob selle sisse, kui teil on tasaduse vili, suudate te aktsepteerida ja pakkuda varju paljudele inimestele, kes tulevad teie juurest puhkepaika otsima.

Viimaks, kui te kannate enesevalitsuse vilja, võite te igas oma eluvaldkonnas stabiilne olla. Ja kui teie elu on korras, võite te kanda igasuguseid õigeid vilju õigel ajal. Seega teie elu võib olla ilus ja õnnistatud.

Kuna Jumal tahab, et meil oleks niisugune ilus süda, ütles Ta Matteuse 5:14: „Teie olete maailma valgus" ja 16. salmis: „Nõnda paistku teiegi valgus inimestele, et nad teie häid tegusid nähes ülistaksid teie Isa, kes on taevas." Kui me suudame kanda Valguse vilja, mis on meeleparanduse kohane, olles tõeliselt Valguses, siis on meie elus üleküllusik headus ja õigus ja tõde (Efeslastele 5:9).

Inimesed, kes kandsid meeleparandusele kohast vilja

Kui me pattudest meelt parandame ja kanname meeleparandusele kohast vilja, tunnistab Jumal seda usuna ja õnnistab meid palvevastustega. Jumal halastab, kui me kogu südamest meelt parandame.

Iiob leidis oma kannatuseajal oma südamest kurjust ja parandas tuhas ja kotiriides meelt. Sel ajal tervendas Jumal kõik ta ihul olevad valusad paised ja õnnistas teda endisega võrreldes topelt rikkusega. Jumal õnnistas Iiobit ka lastega, kes olid ta endistest lastest veelgi ilusamad (Iiob 42. peatükk). Kui Joona parandas suure kala kõhtu vangistatuna meelt, päästis Jumal ta. Niinive inimesed paastusid ja palvetasid pärast seda, kui nad kuulsid hoiatust, et Jumala viha tabab neid nende pattude tõttu ja Jumal andestas neile (Joona 2.-3. peatükid). Jumal ütles lõunapoolse, Juuda kuningriigi 13. kuningale Hiskijale: „Sa sured ega saa terveks!" Aga kui ta hüüdis meelt parandades Jumala poole, pikendas Jumal tema eluiga veel 15 aasta võrra (2. Kuningate 20. peatükk).

Niimoodi, isegi kui keegi teeb kurja teo, aga parandab kogu

südamest meelt ja pöördub tõesti oma patust ära, Jumal arvestab seda. Jumal päästab oma rahva, nii nagu kirjutatakse Laul 103:12: „Nii kaugel kui ida on läänest, nii kaugele viib Ta meist meie üleastumised."

2. Kuningate 4. peatükis räägitakse prominentsest suunamlannast, kes teenis oma külalislahkusega ustavalt prohvet Eelijat. Isegi kui ta ei palunud omale poega, sai ta kaua igatsetud poja. Ta ei teeninud selleks, et õnnistust saada, vaid ta teenis Eelijat, sest ta armastas Jumala sulast ja hoolis temast. Jumalal oli tema heateost väga hea meel ja Ta õnnistas naist eostumisõnnistusega.

Samuti, Apostlite tegude 9. peatükis kirjutatakse Tabiitast – jüngrist, kes oli teinud külluslikult lahkeid ja armastavaid tegusid. Kui ta jäi haigeks ja suri, kasutas Jumal tema elustamiseks Peetrust. Jumal tahab väga vastata ilusaid vilju kandvate armastavate laste palvetele ja anda neile armu ja neid õnnistada.

Sellepärast peame me selgelt Jumala tahet teadma ja meeleparandusele kohast vilja kandma. Me peaksime siis jäljendama Isanda südant ja õiglaselt tegutsema. Ma palun, et kui te mõtisklete Jumala Sõna üle ja mingi osa teie elust ei ole sellega kooskõlas, et te pöörduksite Tema juurde tagasi ja kannaksite seega Püha Vaimu, Valguse ja armastuse vilja, et te võiksite saada vastuse igale oma palvele.

Sõnastik

Patu ja kurjuse erinevus

„Patt" on igasugune tegu, mis ei ole usuga kooskõlas. See on õiget asja teades selle mitte tegemine. Laiemas mõttes, kõik, mis ei ole usust, on patt; seega Jeesus Kristuse mitte uskumine on suurim patt.

„Kurjus" on miski, mis on Jumala Sõna valguses vastuvõetamatu ehk kõik, mis on tõe vastane. See on südames olev patuloomus. Selle kohaselt on patt spetsiaalne välispidine väljendus või inimsüdames oleva kurjuse nähtav vorm. Kurjus on nähtamatu iseloomuga; seega inimsüdames oleva kurjuse tulemus loob patu.

Mis on headus?

Sõnaraamatus on headus „hea, moraalitäiusega vooruslik olemine või iseloomuomadus". Aga igaühe südametunnistusest sõltuvalt võib nende headuse standard erineda. Seetõttu tuleb headuse absoluutne standard võtta headuse Jumala Sõnast. Seega, headus on tõde – nimelt Jumala Sõna. See on Tema täielik tahe ja mõte.

5. peatükk

„Kurjast hoidudes kiinduge heasse"

> *„Armastus olgu siiras. Kurjast hoidudes kiinduge heasse!"*
> *(Roomlastele 12:9)*

Tänapäeval ja praegusajal me näeme kurjust, mis on vanemate ja laste vahelistes suhetes, abikaasade vahel, õdede-vendade vahel ja naabrite vahel. Inimesed kaebavad üksteist pärandi tõttu kohtusse ja mõnel juhul inimesed reedavad üksteist lihtsalt omakasu tõttu. See ei pane vaid teisi neid halvakspanuga nägema, vaid tekitab ka neile endile suuri kannatusi. Sellepärast ütles Jumal: „Hoiduge igasuguse kurja eest!" (1. Tessalooniklastele 5:22).

Maailm kutsub inimest „heaks", kui ta on moraalselt aus ja kohusetundlik. Aga paljudel kordadel ei ole isegi inimese „hea" moraal ja südametunnistus Jumala Sõna valgel vaadatult niivõrd hea. Peale selle, on kordi, mil need on tegelikult Jumala tegeliku tahtega vastuolus. Me peame siin meeles pidama ühte tõde – et absoluutne „headuse" standard on Jumala Sõna — ja üksnes Tema Sõna. Seega, kõik ja iga asi, mis ei ole Jumala Sõnaga täielikult kooskõlas, on kuri.

Aga kuidas siis patt ja kurjus erinevad? Need kaks asja näivad sarnased, ent need erinevad. Näiteks, kui kasutada puud näitena, siis kurjus on nagu puujuured, mis on maa all ja nähtamatud, ent patt on nagu puu nähtavad osad, mis on oksad, lehed ja viljad. Täpselt nii nagu puu võib elada, sest sellel on juured, inimene teeb pattu tema sees oleva kurjuse tõttu. Kurjus on üks inimese südames olevatest loomustest ja see hõlmab kõiki Jumala vastaseid loomujooni ja seisundeid. Kui kurjus võtab mõtte või teona väljendusvormi, kutsutakse seda „patuks".

Kuidas kurjus tuleb patuna esile

Luuka 6:45 öeldakse: „Hea inimene toob välja head oma südame heast tagavarast ja paha inimene toob pahast välja paha, sest ta suu räägib sellest, millest on tulvil ta süda." Kui südames on „vihkamine", tuleb see esile „sarkastiliste märkustena", „kalkide sõnadena" või muude sellesarnaste spetsiifiliste pattudena. Selleks, et näha, kuidas südames olev kurjus tuleb patuna esile, vaatleme esiteks lähemalt Taavetit ja Juudas Iskarioti.

Ühel ööl jalutas kuningas Taavet oma palee katusel ja nägi, kuidas üks naine kümbles ja tundis kiusatust. Ta lasi naise kutsuda ja rikkus temaga abielu. See naine oli Batseba ja sel ajal ei olnud tema abikaasat Uurijat seal, sest ta oli sõtta läinud. Kui Taavet sai teada, et Batseba oli rase, tegi ta salaplaani, et lasta Uurija rindel tappa ja võttis siis Batseba omale naiseks.

Muidugi Taavet üksnes määras Uurija sõjas esirindele. Ta ei tapnud tegelikult ise Uurijat ja sel ajal oli Taavetil kuningana igasugune võim ja voli võtta omale nii palju naisi kui ta tahtis. Aga Taaveti südames oli kindel kavatsus lasta Uurija tappa. Kui teil on niimoodi südame mingis valdkonnas kurjust, võte te suvalisel ajahetkel pattu teha.

Selle patu tulemusel suri Taaveti ja Batseba poeg ja Taaveti teine poeg Absalom reetis ta lõpuks ja sooritas tema vastase riigireetmise. Selle tulemusel pidi Taavet pagema ja Absalom tegi jõleda teo ning magas oma isa liignaistega oma rahva ees avalikult, päise päeva ajal. Selle sündmuse tulemusel surid kuningriigis paljud inimesed, kaasa arvatud Absalom. Abielurikkumise ja mõrva patt tõid Taaveti ja ta rahva üle suure viletsuse.

Juudas Iskariot, üks Jeesuse kaheteistkümnest jüngrist, on parim näide reeturist. Kolme Jeesuse seltsis veedetud aasta ajal nägi ta igasuguseid imesid, mis võisid vaid Jumala väega sündida. Ta kandis hoolt jüngrite rahakoti eest ja tal oli raske oma südames olevast ahnusest vabaneda ning ta võttis aeg-ajalt rahakotist raha ja kasutas seda oma vajadusteks. Lõpuks pani ahnus ta oma õpetajat reetma ja ta poos end oma süü tõttu üles.

Seega, kui teie südames on kurjust, ei tea te iialgi, mis kujul või vormis see kurjus esile tuleb. Isegi kui tegu on väikeses vormis kurjusega, siis saab saatan selle suurenedes seekaudu tegutseda, et teid panna patustama, ajal kui te ei suuda selle tegemist iseenesest vältida. Te võite lõpetada teist inimest või isegi Jumalat reetes. Niisugune kurjus toob kaasa valu ja kannatusi teile ja teie lähedastele. Sellepärast peate te vihkama seda, mis on kuri ja vabanema isegi vähimast kurjusevormist. Kui te vihkate seda, mis on kuri, eemaldute te loomuomaselt sellest kurjusest ja ei mõtle selle peale ega tee seda teoks. Te teete vaid head. Sellepärast käskis Jumal vihata seda, mis on kuri.

Haigus, läbikatsumine, kannatused ja viletsus tabavad meid, kuna me tegime liha tegusid ja lasime oma südames oleval kurjusel patuna välispidiselt väljenduda. Kui me ei talitse oma südant ja teeme liha tegusid, ei erine me Jumala silmis loomadest. Sellisel juhul tuleb Jumala viha ja Ta karistab meid, et me võiksime olla taas inimeste taolised ja mitte nagu loomad.

Kurjusest vabanemine ja heaks inimeseks saamine

Katsumused ja viletsus ei tule vaid vääradest mõtetest ega südames olevatest lihalikest asjadest. Kuid mõtted võivad igal ajal areneda liha tegudeks (patutegudeks) ja seega me peame lihalikest asjadest vabanema.

Eelkõige, kui inimene ei usu Jumalat isegi pärast Tema poolt ilmutatud imesid, on tegu suurima kurjusega. Matteuse 11:20-24 sõitles Jeesus linnu, kus leidis aset suurim osa Tema tehtud imedest, sest nad ei parandanud meelt. Jeesus ütles Korasinile ja Betsaidale: „Häda teile!" ja hoiatas: „Tüürosel ja Siidonil on kohtupäeval hõlpsam põli kui teil!" Ja Kapernauma kohta ütles Ta: „Soodomamaal on kohtupäeval hõlpsam põli kui sinul!"

Tüüros ja Siidon tähistavad kahte paganate linna. Betsaida ja Korasin on Iisraeli linnad, mis asuvad Galilea merest põhja pool. Betsaida on ka kolme jüngri – Peetruse, Andrease ja Filippose kodulinn. Seal avas Jeesus pimeda silmad ja tegi suure ime, toites 5000 meest kahe kala ja viie leivaga. Kuna nad tunnistasid imesid, oli neil seekaudu enam kui piisavalt tõendeid, et Jeesust uskuda ja nad oleksid pidanud Tema õpetuse kohaselt Teda järgima, meelt parandama ja oma südames olevast kurjusest vabanema. Aga nad ei teinud seda. Sellepärast neid karistati.

Sama kehtib täna meie kohta. Kui inimene näeb imesid ja tunnustähti, mida keegi jumalainimene teeb ja ei usu ikka Jumalat ning selle asemel mõistab olukorra või jumalainimese üle kohut ja mõistab seda hukka, demonstreerib see inimene tõendit tema südames oleva kurjuse kohta. Kuid miks inimesed ei suuda uskuda? Nad ei suuda seda teha, sest nad peavad lihalikud asjad allutama ja neist vabanema, kuid nad ei tee seda. Selle asemel teevad nad lihalikke tegusid ja pattu. Mida rohkem nad pattu teevad, seda tundetumaks ja paadunumaks nende süda muutub. Nende südametunnistus kaotab tundlikkuse ja on lõpuks otsekui tulise rauaga põletatud.

Isegi kui Jumal näitab imesid, mida nad näha võivad, ei suuda niisugused inimesed arusaamisele tulla ja uskuda. Arusaamise puudumise tõttu ei suuda nad meelt parandada ja kuna nad ei paranda meelt, ei saa nad Jeesust Kristust vastu võtta. See sarnaneb vargaga. Esiteks inimene kardab isegi ühe pisiasja varastamist, kuid pärast selle teo paaril korral tegemist ei tunne ta enam vähimatki südametunnistuspiina suure asja varastamise järgselt, sest ta süda muutus selle protsessi vältel kõvaks.

Kui me armastame Jumalat, on ainult õige kurja põlastada ja hoida heast kinni. Selle tegemiseks tuleb meil esiteks lõpetada igasuguste lihalike tegude tegemine ja siis vabaneda oma südamest ka igasugustest lihalikest asjust.

Ja patust ja kurjast vabanemise protsessi ajal võime me rajada osaduse Jumalaga ja Temaga armuosaduses olla (1. Johannese 1:7,

3:9). Meie näost peegeldub alati ülevoolav rõõm ja tänu ja me võime saada terveks igasugusest haigusest ning saada lahendused igasugustele probleemidele, mis võivad esineda meie perekonnas, tööl, ettevõtmistes jne.

Kuri ja abielurikkuja sugupõlv, mis ihaldab tunnustähte

Matteuse 12:38-39 näeme me mõningaid kirjatarku ja varisere, kes nõudsid, et Jeesus näitaks neile tunnustähte. Siis ütles Jeesus neile, et kuri ja abielurikkuja sugupõlv ihaldab tunnustähte näha. Näiteks, leidub inimesi, kes ütlevad: „Kui sa näitad mulle Jumalat, siis ma usun!" või „Kui sa elustad surnud, siis ma usun!". Need inimesed ei ütle seda süütust südamest, mis taotleb ehtsalt usku. Nad räägivad seda kahtluse tõttu.

Seega, see kalduvus tõde mitte uskuda või kalduvus kedagi boikottida või kahelda kelleski, kes on parem või soov tõrjuda tagasi miski, mis ei ühti inimese oma mõtlemise või vaadetega, kõik see tuleb vaimselt abielurikkujast iseloomust. Inimesed, kes keeldusid uskumast, nõudsid tunnustähte ja pidasid salanõu ja pingutasid, et leida Jeesusest mingisugust viga selleks, et Teda süüdistada ja taunida.

Mida enam inimestes on eneseõigust, kõrkust ja isekust, seda abielurikkujam on see sugupõlv. Ajal, mil tsivilisatsioon muutub palju arenenumaks nagu tänapäeval, nõuab üha enam inimesi tunnustähtede nägemist. Aga on väga palju inimesi, kes näevad tunnustähti ja ikka ei usu! Pole ime, et niisugust sugupõlve kutsutakse noomivalt kurjaks ja abielurikkujaks sugupõlveks!

Kui te kurja vihkate, ei tee te seda. Kui teie ihule sattub roe, pesete te selle ära. Patt ja kurjus, mis paneb hinge kõdunema ja veab selle surma teele, on roojast veelgi räpasem, haisvam ja koledam. Me ei saa pattude rüvedust rooja omaga võrrelda.

Kuid millist tüüpi kurjust tuleks meil täpsemalt vihata? Matteuse 23. peatükis noomib Jeesus kirjatundjaid ja varisere sõnadega: „Häda teile!". Ta kasutab fraasi „häda teile" mis tähendab, et nad ei pääse. Ja meie jaotame need põhjused seitsmesse kategooriasse ja vaatleme neid lähemalt.

Kurjuseliigid, mida me peaksime põlastama

1. Taevaukse sulgemine, et teised ei saaks sinna siseneda

Matteuse 23:13 ütles Jeesus: „Aga häda teile, kirjatundjad ja variserid, te silmakirjatsejad, et te lukustate taevariigi inimeste eest! Ise te ei lähe sinna sisse ega lase sisse ka neid, kes tahaksid minna."

Kirjatundjad ja variserid teadsid ja salvestasid Jumala sõnad ja käitusid, otsekui nad oleksid Jumala sõnadest kinni pidanud. Kuid nende südamed olid kõvad ja nad tegid Jumala tööd pinnapealselt ja seetõttu neid noomiti. Kuigi neil oli pühaduse kogu vormiline külg, oli nende süda kihevil seadusetusest ja kurjusest. Kui nad nägid Jeesust tegemas imesid, mis olid inimlikult võimatud, sepitsesid nad selle asemel, et tunnistada seda, kes Ta tegelikult oli ja selle üle rõõmu tunda, igasuguseid salaplaane, et Talle vastu panna. Nad juhtisid isegi Tema vastast surmarünnakut.

See kehtib ka selle ajastu inimeste kohta. Inimesed, kes väidavad, et nad usuvad Jeesust Kristust ja ometi ei ela eeskujulikku elu, on selles kategoorias. Kui te panete kellegi ütlema, et ta ei taha teietaoliste inimeste tõttu Jeesust Kristust uskuda, siis olete teie selline inimene, kes ei lase teistel inimestel taevariiki siseneda. Te ei lähe mitte üksnes ise Taevasse, vaid ei lase ka teistel sinna minna.

Inimesed, kes väidavad, et nad usuvad Jumalat, kuid jätkavad maailmaga kompromissile minekut, on samuti need, keda Jeesus noomis. Kui koguduse korra kohaselt koguduses mingi tiitliga inimene, kes õpetab teisi, osutab teise inimese vastu vihkamist, vihastub nende peale või käitub sõnakuulmatult, kuidas saab vastpöördunud kristlane seda inimest näha ja usaldada, austamisest rääkimata? Tõenäolisemalt nad pettuvad ja võivad isegi usu kaotada. Kui uskmatute seas on neid, kelle abikaasa püüab usus kasvada ja nad kiusavad abikaasat taga või sunnivad teda kurjalt käituma ja patus osalema, noomitakse neidki „Häda teile!" etteheitega.

2. Kui keegi pööratakse usku, temast endaga võrreldes kahevõrra põrgulise tegemine

Matteuse 23:15 ütleb Jeesus: „Häda teile, kirjatundjad ja variserid, te silmakirjatsejad! Te rändate läbi mered ja mandrid, et pöörata kas või üks oma usku, ja kui see sünnib, siis te teete temast
põrgulise, kahevõrra niisuguse, kui te ise olete."
On olemas vana ütlus, et minia, kelle elu ämm raskeks tegi, teeb ka oma minia elu raskemaks. See, mida inimene näeb ja kogeb, jääb ta mällu ja ta tegutseb alateadlikult kogetu põhjal.

Sellepärast on väga tähtis, mida te õpite ja kelle käest te õpite. Kui te õpite kristlikku elu inimestelt, kes sarnanevad kirjatundjatele ja variseridele, siis langete ka teie nendega kurja küüsi, samamoodi nagu pime on teise pimeda teejuhiks.

Näiteks, kui juht mõistab teiste üle alati kohut, peksab keelt ja räägib negatiivselt, muutuvad ka tema käest õppivad usklikud määrdunuks tema tegude kaudu ja nad lähevad koos surma teed mööda. Ühiskonnas, need lapsed, kes kasvavad kodudes, kus vanemad pidevalt kaklevad ja vihkavad teineteist, lähevad suurema tõenäosusega eksiteele, kui rahulikus kodus kasvanud lapsed.

Seetõttu peavad vanemad, õpetajad ja muud juhid eelkõige paremaks eeskujuks olema. Kui niisuguste inimeste sõnad ja teod ei ole eeskujulikud, võivad nad teised tegelikult komistama panna. Isegi koguduses esineb juhtumeid, kus jumalasulane või juht ei anna head eeskuju ja nad tõkestavad lõpuks kodugrupi, osakonna või organisatsiooni sisest äratust või kasvu. Me peame aru saama, et kui me teeme niimoodi, ei tee me vaid endist, ent ka teistest põrgu lapsed.

3. Jumala tahte vääralt edastamine ahnuse ja valskuse tõttu

Matteuse 23:16-22 ütleb Jeesus: „Häda teile, te sõgedad teejuhid, kes te ütlete: „Kes iganes vannub templi juures, selle vanne ei loe midagi, kes aga iganes vannub templi kulla juures, see on kohustatud vannet täitma." Te rumalad ja sõgedad! Kumb on suurem, kas kuld või tempel, mis kulla pühitseb? Te ütlete: „Kes iganes vannub altari juures, selle vanne ei loe midagi, aga kes iganes vannub altaril oleva ohvrianni juures, see on kohustatud

vannet täitma." Teie sõgedad, kumb siis on suurem, kas ohvriand või altar, mis ohvrianni pühitseb? Niisiis, kes vannub altari juures, see vannub selle ja kõige
juures, mis on altaril, ja kes vannub templi juures, see vannub selle ja Tema juures, kes templis elab, ja kes vannub taeva juures, see vannub Jumala trooni ja troonil istuja juures."

See sõnum on noomitus neile, kes oma südame ahnusest, pettusest ja isekusest lähtuvalt Jumala tahet vääralt õpetavad. Kui keegi tõotab või lubab midagi Jumalale, peaksid õpetajad õpetama teda seda lubadust pidama, aga õpetajad õpetavad inimesi seda kõrvale jätma ja lihtsalt raha või materiaalset omandit puudutavaid lubadusi täitma. Kui jutlustaja jätab hooletusse inimeste tões elamise õpetamise ja rõhutab ainult ohvriande, siis on ta pimedaks muutunud juht.

Juht peaks eelkõige inimestele õpetama pattudest meeleparandust, Jumala õigsuse arendamist ja seega taevariiki minekut. Templi, Jeesuse Kristuse, altari ja Taevatrooni nimel tõotamine on üks ja sama asi ja seega peab inimene seda lubadust kindlasti pidama.

4. Käsuseaduse kaalukamate külgede unarusse jätmine

Matteuse 23:23-24 ütles Jeesus: „Häda teile, kirjatundjad ja variserid, te silmakirjatsejad, et te maksate kümnist mündist ja tillist ja köömnest ning jätate kõrvale kaalukama osa Seadusest – õigluse ja halastuse ja ustavuse! Üht tuleb teha, kuid teist ei tohi jätta kõrvale! Te sõgedad teejuhid, te kurnate välja küll sääsed, aga kaamelid neelate alla."

Jumalat tõesti uskuv inimene toob Jumalale kogu kümnise.

Kui me toome kogu kümnise, õnnistatakse meid, aga kui me seda ei tee, me röövime Jumalat (Malaki 3:8-10). Jah, kirjatundjad ja variserid tõid oma kümnise, kuid Jeesus põlgas seda, et nad eirasid õigust ja halastust ja ustavust. Aga mida tähendab õiguse, halastuse ja ustavuse eiramine?

„Õigus" tähistab patust vabanemist, Jumala Sõna järgi elamist ja Talle usu läbi kuuletumist. „Sõnakuulelik" olemine tähendab maailma standardite alusel kuuletumist ja millegi tegemist, mida te teha suudate. Aga tõeselt tähendab „kuulekus" kuuletumisvõimet ja absoluutselt võimatuna tunduva tegemist.

Piiblis kuuletusid Jumala tunnustatud prohvetid usu läbi Tema sõnadele. Nad lõhestasid Punase mere, hävitasid Jeeriko müürid ja panid Jordani veevoo seisma. Kui nad oleksid neis olukordades oma inimlikud mõtted asjale lisanud, ei oleks need asjad iialgi sündinud. Aga nad kuuletusid Jumalale usu läbi ja tegid need asjad võimalikuks.

„Halastus" tähendab inimesena igas eluvaldkonnas oma täiskohuse täitmist. Selles maailmas on elementaarsed moraali- ja eetikanormid, millest inimesed võivad kinni pidada, et inimlikuna püsida. Aga need normid ei ole täielikud. Isegi kui mõni inimene näib kultuurne ja väliselt peenete kommetega, aga tema sees on kurjust, ei saa me teda tõeliselt kombekaks pidada. Selleks, et me võiksime väärt elu elada, tuleb meil inimese täiskohust täita ehk Jumala käsuseadustele kuuletuda (Koguja 12:13).

Samuti, „ustavus" tähendab usu läbi Jumala jumalikust loomusest osa saamist (2. Peetruse 1:4). Jumal lõi taevad ja maa ja kõik seal oleva ning inimkonna, et saada tõelisi lapsi, kes peegeldavad Tema südant. Jumal käskis meil olla tõene, nii nagu Tema on tõene ja täiuslik, nii nagu Tema on täiuslik. Me ei tohiks ainult väliselt püha olla. Üksnes südames olevast kurjusest vabanedes ja Tema käsuseadustest täiesti kinni pidades saame me Jumala jumalikust loomusest tõeliselt osa.

Aga kirjatundjad ja variserid eirasid Jeesuse ajal õigust, halastust ja ustavust ning keskendusid ainult ohvriandidele ja ohvritele. Jumalal on palju parem meel meelt parandava südame üle, kui ebatõese südamega toodud ohvritest (Laul 51:16-17). Aga nad õpetasid midagi, mis ei olnud Jumala tahtega kooskõlas. Inimene, kes on õpetaja positsioonil, peaks esiteks osutama inimeste pattudele, aitama neil meeleparanduse kohast vilja kanda ja juhatama nad Jumalaga rahus olema. Pärast seda peaksid nad õpetama kümnise toomist, ülistuse, palve jms formaalsusi, kuni nad jõuavad täielikule pääsemisele.

5. Välise puhtuse pidamine, ent sisimas riisumist ja aplust täis olemine

Matteuse 23:25-26 ütles Jeesus: „Häda teile, kirjatundjad ja variserid, te silmakirjatsejad, sest te puhastate karika ja liua väljastpoolt, aga seest on need täis riisumist ja aplust! Sa sõge variser! Puhasta enne karikas seestpoolt, et see ka väljast saaks puhtaks!"

Kui vaadata puhtast kristallist klaasi, on see väga puhas ja ilus. Aga sõltuvalt sellest, mida te tassi panete, särab see veelgi ilusamalt või võib määrduda. Kui see täidetakse musta veega, võib see üksnes mustaks tassiks muutuda. Samamoodi, isegi kui keegi näib väliselt jumalik inimene olevat, kui ta süda on kurjust täis, siis näeb südant nägev Jumal kogu sisimas olevat mustust ja peab seda inimest määrdunuks.

Ka inimsuhetes, hoolimata sellest, kui puhas, hästi riietunud ja kultuurne inimene väliselt ka ei näiks, kui me leiame, et nad on täis vihkamist, kadedust, armukadedust ja igasugust kurjust, tunneme me ebapuhtust ja häbi. Aga kuidas tunneb end Jumal, kes on õigus ja tõde ise, kui Ta niisuguseid inimesi näeb? Seega me peame end Jumala Sõna valgel vaatlema ja igasugusest liiderlikkusest ja ahnusest vabanema ja püüdma omale puhast südant saada. Kui me tegutseme Jumala Sõna järgi ja jätkame pattudest vabanemist, muutub meie süda puhtaks ja seega meie väljanägemine muutub loomupäraselt puhtaks ja pühaks.

6. Olles lubjatud haudade moodi

Matteuse 23:27-28 ütles Jeesus: „Häda teile, kirjatundjad ja variserid, te silmakirjatsejad, sest te sarnanete lubjatud haudadega, mis väljastpoolt paistavad küll nägusad, aga seestpoolt on täis surnuluid ja kõiksugust roisku! Nõnda paistate ka teie inimestele õigetena, aga seestpoolt olete täis silmakirjatsemist ja ülekohut."

Hoolimata sellest, kui palju raha tee kulutate sellele, et hauda kaunistada, mida see lõpptulemusena ikkagi sisaldab? Kõdunev laip, millest saab peagi peotäis mulda! Seega, lubjatud haud tähistab sümboolselt silmakirjateenreid, kes on ainult väliselt hästi hoolitsetud. Nad näevad välja head, tasased ja terved oma välimuse poolest, annavad teistele nõu ja tõrelevad nendega, aga sisimas on nad tegelikult täis vihkamist, kadedust, armukadedust, abielurikkumist jne.

Kui me tunnistame, et me usume Jumalat ja hoiame teisi hukka mõistes oma südames vihkamist, siis me näeme teiste inimeste silmis kübet, ent oma silmas olevat palki me ei näe. Seda peetakse silmakirjalikkuseks. Seda võib ka uskmatute suhtes rakendada. Silmakirjatsemine on ka süda, mis kaldub abikaasat reetma, lapsi unarusse jätma või vanemaid mitte austama, samal ajal tõde pilgates ja teisi kritiseerides.

7. End õigeks pidamine

Matteuse 23:29-33 ütleb Jeesus: „Häda teile, kirjatundjad ja variserid, te silmakirjatsejad, sest te ehitate prohvetite hauamärke ja ehite õigete hauakambreid ja ütlete: „Kui meie oleksime elanud oma esiisade päevil, siis meie küll ei oleks olnud nende kaasosalised prohvetite vere valamisel." Nõnda te tunnistate ise eneste kohta, et teie olete prohvetite tapjate pojad. Täitke siis teiegi oma vanemate mõõt! Te maod, te rästikute sugu, kuidas te võiksite põgeneda ära põrgu kohtust?"

Silmakirjalikud kirjatundjad ja variserid ehitasid prohvetite haudu ja ehtisid õigete hauakambreid ja ütlesid: „Kui meie oleksime elanud oma esiisade päevil, siis meie küll ei oleks olnud nende kaasosalised prohvetite vere valamisel." Aga see tunnistus ei ole tõene. Need kirjatundjad ja variserid mitte vaid ei tunnistanud Päästjaks tulnud Jeesust, vaid nad ka lükkasid Ta tagasi ja naelutasid Ta lõpuks ristile ja tapsid Ta. Kuidas nad võivad end oma esivanematest õiglasemateks pidada?

Jeesus põlastas neid silmakirjalikke juhte, öeldes: „Täitke siis teiegi oma vanemate mõõt!" Kui inimene teeb pattu ja tal on veidigi südametunnistust, tunneb ta end süüdi ja lakkab patustamast. Aga on ka neid inimesi, kes ei pöördu oma kurjadest tegudest kuni valusa lõpuni. Jeesus mõtles seda, kui Ta ütles: „Täitke!". Neist said kuradi lapsed, kes olid rästikute sugu ja kes tegid veelgi rohkem kurja.

Samamoodi, kui keegi inimene kuuleb tõde ja tunneb südametunnistuse piina ja peab end ikka õigeks ja keeldub meelt parandamast, siis ei erine ta inimesest, kes täidab oma esivanema tehtud süümõõdu. Jeesus ütles, et kui need inimesed ei paranda meelt ega kanna meeleparanduse kohast vilja, ei pääse nad põrgu karistusest.

Seetõttu tuleb meil mõtiskleda Jeesuse kirjatundjaid ja varisere korralekutsuvate sõnade üle ja leida, kas need puudutavad kuidagi ka meid ja neist asjust kiiresti vabaneda. Ma loodan, et teie – lugeja, olete õiglane inimene, kes vihkab kurja ja hoiab hea poole, seega kõige eest Jumalat austades ja õnnistatud elust rõõmu tundes nii palju, kui te süda seda soovib!

Sõnastik ja edasised selgitused

Mis on „inimese kasvatamine"?
„Kasvatamine" on protsess, mille käigus põllumees külvab seemne, kannab selle eest hoolt ja see kannab vilja. Jumal istutas Aadama ja Eeva sellesse maailma esmaviljana, et omale tõelisi lapsi saada. Pärast Aadama langust muutus inimkond patuseks ja pärast Jeesuse Kristuse vastuvõtmist said nad Püha Vaimu abil taastada neis kunagi varem olnud Jumala tõelise kuju. Seega kutsutakse kogu Jumala poolt inimese loomise ja kogu inimajaloo ülevaatamise protsessi kuni viimase kohtupäevani „inimese kasvatamiseks".

„Ihu", „liha" ja „lihalike asjade" erinevus
Tavaliselt, kui juttu on inimihust, kasutatakse termineid „ihu" ja „liha" vaheldumisi. Aga Piiblis on igal sellisel sõnal oma spetsiaalne vaimne tähendus. Kord kasutatakse „liha" lihtsalt inimihu tähistamiseks, kuid vaimselt tähistab see asju, mis kõdunevad, muutuvad, on ebaterved ja rüvedad.
Esimene inimene Aadam oli elav vaim, kelles ei olnud mingit pattu. Aga pärast seda, kui saatan ahvatles teda hea ja kurja tundmise puust sööma, pidi ta kogema surma, sest patu palk on surm (1. Moosese 2:17; Roomlastele 6:23). Jumal pani loomise ajal inimese sisse teadmised elu ja tõe kohta. Inimese kuju või vormi ilma selle tõeta, mis lekkis pärast Aadama patutegemist ära, kutsutakse „ihuks". Ja patuloomust selle ihuga ühendatult kutsutakse „lihaks". Sellel lihal ei ole nähtavat kuju, aga see on patuloomus, mida saab provotseerida suvalisel ajahetkel esile tulema.

Inimsüdame pinnas
Piiblis liigitatakse inimsüdant erinevateks pinnase tüüpideks: teekõrvane, kivine, ohakane ja hea pinnas (Markuse 4. peatükk).
Teekõrvane tähistab kõva paadunud südant. Isegi kui Jumala Sõna seeme sellist tüüpi südamesse istutada, ei saa seeme võrsuda ega vilja kanda; seega see inimene ei saa pääseda.

Kivine pinnas tähistab inimest, kes mõistab Jumala Sõna oma mõistusega, kuid ei suuda seda südames uskuda. Kui ta Sõna kuulab, võib ta otsustada õpitut rakendada, aga raskuste ajal ei suuda ta usus püsida.

Ohakane pinnas tähistab selle inimese südant, kes kuulab, mõistab ja rakendab Jumala Sõna oma ellu, kuid ta ei suuda selle maailma kiusatusi võita. Maailma mured, ahnus ja lihalikud soovid ahvatlevad teda, seega järgnevad katsumused ja viletsus ja ta ei saa vaimselt kasvada.
Hea pinnas tähistab inimsüdant, kus sinna langev Sõna kannab vilja 30, 60 ja 100 korda ja millele järgnevad alati Jumala õnnistused ja vastused.

Saatana ja kuradi osa

Saatan on olend, millel on pimeduse vägi, mis paneb inimesed kurje asju tegema. Sellel ei ole spetsiaalset vormi. See levitab pidevalt õhuvallas raadiolaine sarnaselt oma musta südant, mõtteid ja kurja tegemise väge. Ja kui inimsüdames olev väärus sellele sagedusele sattub, kasutab see inimmõtteid, et inimese sisse oma pimedat väge valada. Seda kutsutakse „saatana töö vastuvõtmiseks" või „saatana hääle kuulamiseks".

Kurat on osa Lutsiferiga langenud inglitest. Nad on rõivastatud musta ja neil on inimese või ingli sarnased näojooned ja käed ja jalad. See võtab saatanalt korraldusi vastu ja peab ülal ja käsib arvukaid deemoneid, kes toovad inimestele haigusi ja panevad nad pattu ja kurja tegema.

Astja iseloom ja südame iseloom

Inimesi kutsutakse „astjateks". Inimese astja iseloom sõltub sellest, kui hästi ta kuuleb Jumala Sõna ja uuristab selle oma südamesses ja kui hästi ta seda usu läbi tegudesse rakendab. Astja iseloom puudutab materjali, millest astja on valmistatud. Kui inimesel on hea astja isesloom, võib ta väga kiiresti pühitsusele jõuda ja ta võib laiemas mastaabis vaimset väge näidata. Selleks, et arendada astja head iseloomu, tuleb Sõna õieti kuulata ja see oma südamepõhja uuristada. See, kui usinalt inimene õpitut ellu rakendab, sõltub astja iseloomust. Südame iseloom sõltub sellest, kui laialdaselt südant kasutatakse ja astja suurusest. On juhtumid, mil 1) minnakse oma mahust kaugemale, 2) maht täidetakse täpselt, 3) vaevalt miinimummaht täidetakse tõrksalt ja 4) juhtum, mil on parem, et inimene ei alustaks oma tööd üleüldse kogu tehtava kurja tõttu. Kui inimsüdame iseloom on väiklane ja puudulik, on sellel inimesel vaja vaeva näha, et oma süda avaramaks ja suuremaks muuta.

Õigus Jumala arvates

Õiguse esimesel tasemel vabanetakse pattudest. Sellel tasemel on inimene õigeks tehtud Jeesuse Kristuse vastuvõtmise ja Püha Vaimu saamisega. Siis leiab see inimene oma patud ja palvetab usinalt, et neist pattudest vabaneda. Jumalal on sellest teost hea meel ja Ta vastab selle inimese palvetele ja õnnistab teda.

Õiguse teisel tasemel peetakse Jumala Sõnast kinni. Pärast pattudest vabanemist võib inimene täituda Jumala Sõnaga ja suudab sellest kinni pidada. Näiteks, kui see inimene kuulis sõnumit kellegi mitte vihkamise kohta, vabaneb ta vihkamisest ja püüab igaüht armastada. Nii kuuletub ta Jumala Sõnale. Sel ajal õnnistatakse teda alati tervisega ja iga ta palve saab vastuse.

Õiguse kolmas tase on Jumalale meeltmööda olek. Sel tasemel ei vabane inimene lihtsalt patust, vaid ta ka tegutseb alati Jumala tahte järgi. Ja ta pühendab oma elu oma kutsumise täitmisele. Kui inimene jõuab sellele tasemele, vastab Jumal isegi kõige väiksematele tema südames lihtsalt tekkivatele soovidele.

Õiguse kohta

„„...õiguse kohta, et ma lähen Isa juurde ja teie ei näe mind enam;" (Johannese 16:10)

„Ja ta uskus Isandat ning see arvati temale õiguseks." (1. Moosese 15:6)

„Sest ma ütlen teile: Kui teie õigus ei ole märksa suurem kui kirjatundjate ja variseride oma, siis te ei saa taevariiki!" (Matteuse 5:20)

„Nüüd aga on ilma Seaduseta saanud avalikuks Jumala õigus, millest tunnistavad Moosese Seadus ja Prohvetid, see Jumala õigus, mis tuleb Jeesusesse Kristusesse uskumise kaudu kõigile, kes usuvad. Siin ei ole erinevust" (Roomlastele 3:21-22)

„...täidetud õiguse viljaga, mis tuleb Jeesuse Kristuse läbi, Jumala kirkuseks ja kiituseks." (Filiplastele 1:11)

„...Nüüd on mulle valmis pandud õiguse pärg, mille Isand, õiglane kohtunik, oma päeval mulle annab, aga mitte üksnes mulle, vaid kõikidele, kes igatsevad Tema ilmumist." (2. Timoteosele 4:8)

„...Nii läks täide kirjasõna, mis ütleb: „Aabraham uskus Jumalat ja see arvati talle õiguseks ning teda hüüti Jumala sõbraks." (Jakoobuse 2:23)

„Sellest on näha, kes on Jumala lapsed ja kes kuradi lapsed: ükski, kes ei tee õigust, ei ole Jumalast, nagu ka mitte see, kes ei armasta oma venda." (1. Johannese 3:10)

6. peatükk

Õigus, mis toob elu

„Nõnda siis, nagu ühe üleastumise läbi tuli kõigile inimestele surmamõistmine, nii on ka selle ühe õigusteo läbi kõigile inimestele saanud õigekssaamine eluks."
(Roomlastele 5:18)

Ma kohtusin elava Jumalaga pärast seitset aastat voodihaigena. Ma ei tervenenud Püha Vaimu tulega üksnes kõigist haigustest, vaid sain ka igavese elu, mis laseb mul Taevas igavesti elada. Ma olin Jumala armu eest nii tänulik, et ma lakkasin joomast alates esmakordselt kogudusse mineku ajast ja ma ei serveerinud teistele enam alkohoolseid jooke.

Oli aeg, mil mu sugulane naeruvääristas kogudusi. Ma ei suutnud end vaos hoida ja ütlesin vihaselt: „Miks sa räägid halba Jumalast ja räägid kogudusest ja pastorist negatiivselt?" Ma arvasin vastpöördunud kristlasena, et mu tegudele leidus õigustust. Ma sain alles hiljem aru, et mu teod ei olnud õiged.

Õigus kaalus sellisena nagu mina seda nägin üle õiguse sellisena nagu Jumal seda nägi. Selle tulemuseks oli tüli ja vaidlemine.

Kuid milline oli sellises olukorras õigus Jumala arvates? See püüdis teist inimest armastusega mõista. Kui te arvestate lihtsalt seda, et inimesed teevad seda, mis nad teevad, kuna nad ei tunne Isandat ja Jumalat, ei ole mingit põhjust nende peale ärrituda. Tõeline õigus tähendab armastusega nende eest palvetamist ja neile evangeeliumi kuulutamiseks targa meetodi otsimist ja nende jumalalapseks juhatamist.

Õigus Jumala arvates

2. Moosese 15:26 öeldakse: „Kui sa tõesti kuulad Isanda, oma Jumala häält ja teed, mis õige on Tema silmis..." Selles salmis räägitakse sellest, et inimese ja Jumala silmis on õigus selgelt erinev asi.

Meie maailmas peetakse kättemaksu sageli õigeks teoks. Aga Jumal ütleb meile, et kõigi inimeste ja isegi oma vaenlaste armastamine on õige. Samuti, maailmas peetakse õigeks, kui keegi võitleb, et saavutada seda, mida ta õigeks peab, isegi teiste inimestega selle nimel rahu rikkudes. Aga Jumal ei pea inimest õigeks, kui ta rikub teistega rahu lihtsalt selle tõttu, mida ta oma arvates õigeks peab.

Samuti, selles maailmas, hoolimata sellest, kui palju teie südames on kurjust nagu vihkamist, lahkmeelt, kadedust, armukadedust, viha ja isekust, nii kaua kui te ei riku selle maa seadusi ega tee patutegusid, ei kutsu keegi teid ebaõigeks. Aga isegi kui te ei tee ainsatki pattu oma tegudes, kui teie südames on kurjust, kutsub Jumal teid ebaõiglaseks inimeseks. Inimese õigsuse ja ebaõigluse mõiste erineb eri isikute, kohtade ja sugupõlvede kohaselt. Seega, me peame õigsuse ja ebaõigluse tõelise standardi seadmiseks kehtestama Jumala standardi. See, mida Jumal peab õigeks, on tõeliselt õige.

Kuid mida tegi Jeesus? Roomlastele 5:18 öeldakse: „Nõnda siis, nagu ühe üleastumise läbi tuli kõigile inimestele surmamõistmine, nii on ka selle ühe õigusteo läbi kõigile inimestele saanud õigekssaamine eluks." Siinsega tähistab „üks üleastumine" kogu inimkonna isa – Aadama pattu ja „üks õigustegu" on Jumala Poja Jeesuse kuulekus. Ta teostas õigusteo ja juhtis paljud inimesed ellu. Vaatleme lähemalt, milline on see õigus, mis juhib inimesed ellu.

Üks õige tegu, mis päästab kogu inimkonna

1. Moosese 2:7 kirjutatakse, et Jumal lõi esimese inimese Aadama oma kuju järgi. Siis hingas Ta tema sõõrmetesse ja tegi ta elavaks vaimuks. Täpselt nii nagu vastsündinud lapse puhul, temasse ei olnud midagi talletatud. Ta oli värske uus leht. Täpselt nii nagu laps kasvab ja hakkab koguma ja kasutama teadmisi selle kaudu, mida ta näeb ja kuuleb, õpetas Jumal talle kogu universumi harmooniat, vaimumaailma seadusi ja tõesõnu.

Jumal õpetas Aadamale kõike, mida tal oli vaja teada, et elada kogu loodu isandana. Kuid Jumal keelas vaid üht asja teha. Aadam võis süüa vabalt igast Eedeni aia puust, välja arvatud hea ja kurja tundmise puu. Jumal hoiatas teda tugevalt, et päeval, mil ta sealt sööb, sureb ta kindlasti ära (1. Moosese 2:16-17).

Aga siis, kui kaua aega oli möödunud, ei suutnud ta neid sõnu hinnata ja langes mao ahvatluse küüsi ja sõi keelatud vilja. Selle tulemusel katkes tema suhtlus Jumalaga ja nii nagu Jumal ütles: „Sa sured surma", suri Aadama vaim, mis oli elav vaim. Kuna ta ei kuulanud Jumala Sõna, vaid vaenlase kuradi sõnu, sai temast kuradi laps.

1. Johannese 3:8 öeldakse: „Kes teeb pattu, on kuradist, sest kurat teeb pattu algusest peale." Ja Johannese 8:44 öeldakse: „Teie olete oma isast kuradist ning tahate teha oma isa himude järgi. Tema on mõrtsukas algusest peale, ta ei püsinud tões, sest temas ei ole tõde. Kui ta räägib valet, siis ta räägib enda oma, sest ta on valetaja ja vale isa."

Kui Aadam on see, kes ei kuuletunud Jumalale ja tegi pattu, siis miks ta järglased on samuti patused? Laps sarnaneb paratamatult oma vanematele, eriti välimuse poolest. Kuid ta isiksus ja isegi ta kõnnak sarnanevad paratamatult ta vanemate omale. Selle põhjuseks on, et laps pärib oma vanemate „chi" või „vaimu" või „elujõu" ja täpselt nii nagu elujõud edastatakse lapsele, edastatakse talle ka vanemate patuloomus (Laul 51:5). Keegi ei õpeta imikut nutma ja lärmi lööma, kuid ta teeb seda iseenesest, sest elujõus sisalduv patuloomus edastati Aadamast alates ühelt sugupõlvelt teisele.

Inimese päritud pärispatule lisaks teeb ta ka ise patuseid tegusid ja seega määrdub ta süda patust üha enam. Siis ta edastab selle omakorda oma lastele. Aja jooksul on maailm patust üle ujutatud. Aga kuidas saab kuradi lapseks saanud inimene taastada oma suhte Jumalaga?

Jumal teadis algusest peale, et inimene teeb pattu ja seetõttu valmistas Ta ette pääsemise ettehoolde ja hoidis seda varjatult. Inimkonna pääsemine Jeesuse Kristuse kaudu oli aegade algusest varjul olnud saladus. Seega Jeesus Kristus, kes oli veatu ja plekita, võttis oma peale needuse ja oli ristil, et surma mõistetud inimkonnale päästetee teha. Jeesuse Kristuse õige teo kaudu on paljud inimesed, kes olid kunagi patused, vabanenud surmast ja saanud elu.

Õiguse algus on usk Jumalasse

„Õigsus" tähendab vooruslikkust või moraalsust. Aga Jumala arvates tähendab „õigsus" Tema austusest usu läbi kuuletumist, pattudest vabanemist ja Tema käsuseaduste pidamist (Koguja 12:13). Aga kõigepealt kutsutakse Piiblis patuks Jumala mitte uskumist (Johannese 16:9). Seega, lihtsalt Jumala uskumine on õige tegu ja esimene tingimus, mida õiglaseks inimeseks saamiseks täita tuleb.

Kuidas saab kutsuda kedagi õigeks või kohaseks, kui see inimene jätab unarusse ja reedab oma vanemad, kes teda sünnitasid? Inimesed osutavad ta peale ja kutsuvad teda patuseks, kes ei hooli inimlikkusest. Samamoodi, kui inimene ei usu meid loonud Looja Jumalat, kui ta ei kutsu Teda Isaks ja kõige krooniks, kui see inimene teenib vaenlast kuradit – mida Jumal vihkab üle kõige – siis saab sellest suur patt.

Sellepärast peate te õigeks inimeseks saamiseks uskuma Jumalat. Täpselt nii nagu Jeesusel oli täielik usk Jumalasse ja Ta pidas igast Jumala Sõnast kinni, peame ka meie Teda uskuma ja Tema sõnadest kinni pidama. Jumala uskumine tähendab, et me usume tõsiasja, et Jumal on kogu loodu Isand, kes lõi kogu universumi ja meid ja kes on inimkonna elu ja surma ainuvalitseja. See tähendab ka, et me usume tõsiasja, et Jumal on iseenesest olemas, et Ta on esimene ja viimane, algus ja lõpp. See tähendab, et me usume, et Ta on ülim kohtumõistja, kes valmistas Taevad ja põrgu ja kes mõistab igaühe üle õiglast kohut. Jumal saatis oma ainusündinud Poja Jeesuse Kristuse sellesse maailma, et teha meile päästetee. Sellepärast tähendab Jeesuse Kristuse uskumine ja pääsemise vastuvõtmine põhimõtteliselt usku Jumalasse.

Seega on midagi, mida Jumal nõuab kõigilt oma lastelt, kes lähevad päästeuksest sisse. Selles maailmas peavad teatud maa inimesed pidama kinni selle maa seadustest. Samamoodi, kui te olete saanud taevariigi kodanikuks, tuleb teil kinni pidada Taeva seadustest, mis on Jumala Sõna ja Tõde. Näiteks, kuna 2. Moosese 20:8 öeldakse: „Pea meeles, et sa pead hingamispäeva pühitsema!", tuleks teil Jumala käsuseadust pidada ja kogu hingamispäeva pidamist ülimaks asjaks pidada ning maailmaga mitte kompromissile minna. Me peaksime seda tegema, sest Jumal peab niisugust usku ja kuulekust õiguseks.

Jumal valgustas meid Jeesuse Kristuse kaudu õiguse seaduse kohta, mis viib ellu. Kui me selle seaduse järgi elame, võime me Taevasse minna ja Jumala armastuse ja õnnistuste osaliseks saada.

Meil tuleb matkida Jeesuse Kristuse õigsust

Isegi Jumala Poeg Jeesus tegi õiguse teoks, pidades täielikult Jumala käsuseadustest kinni. Eelkõige ei näidanud Ta oma maapealse eluaja jooksul kunagi ainsatki kurjuse varju. Kuna Püha Vaim eostas Ta, ei olnud Tal pärispattu. Ja kuna Ta ei mõtelnud mingi kurja peale, ei teinud Ta ka ise pattu.

Enamasti teevad inimesed kurja, sest neil on seadusetu mõtlemine. Ahne inimene mõtleb esiteks: „Kuidas ma saan rikkaks? Kuidas ma saan selle inimese vara võtta ja seda omastada?" Ja siis istutab inimene selle mõtte oma südamesse. Ja kui süda on üles kihutatud, teeb ta kindlalt kurja. Kuna selle inimese südames on ahnus, ahvatleb saatan ta mõtteid ja kui ta selle ahvatluse vastu võtab, teeb ta lõpuks kurje tegusid – petab, tüssab ja varastab.

Iiob 15:35 öeldakse: „Nad on lapseootel vaevaga ja sünnitavad nurjatust." Ja 1. Moosese 6:5 öeldakse, et enne seda, kui Jumal mõistis maailma üle uputuse kaudu kohut, oli inimese kurjus maa peal suur ja inimese südamemõtete kavatsused on jätkuvalt kurjad olnud. Kuna süda on kuri, on ka mõtted kurjad. Aga kui südames pole kurjust, ei saa saatan meie mõtete kaudu tegutseda, et meid ahvatleda. Täpselt nii nagu on kirjutatud, et suust lähtuv tuleb südamest (Matteuse 15:18), kui süda ei ole kuri, ei saa kurjad mõtted ega teod sellest mingit moodi esile tulla.

Jeesusel, kel polnud pärispattu ja kes ei teinud ise pattu, oli samuti süda, mis oli iseenesest püha. Seega, kõik Ta teod olid alati head. Kuna Tal oli õiglane süda, olid Tal ainult õiged mõtted ja Ta tegi ainult õigeid tegusid. Selleks, et me saaksime õiglasteks inimesteks, tuleb meil oma mõtteid kaitsta oma südames olevast kurjusest vabanemise kaudu ja siis on ka meie teod terviklikud.

Kui me kuuletume ja teeme täpselt Piiblis öeldu „Tee, ära tee, pea kinni ja vabane" kohaselt, on ka meie südames Jumala Sõna tõde ja me ei patusta oma mõtetes. Ja meiegi teod on terviklikud, sest me saame Pühalt Vaimult juhatust ja oleme Temast juhitud. Jumal käsib „hingamispäeva pidada" ja seega me peame hingamispäeva. Ta ütleb, et me „palvetaksime, armastaksime ja jagaksime evangeeliumi" ja seega me palvetame, armastame ja jagame evangeeliumi. Ta ütleb, et me ei varastaks ega rikuks abielu ja seega me ei tee niisuguseid asju.

Ja kuna Ta käskis meil vabaneda isegi kurjuse vormidest, vabaneme me jätkuvalt väärusest nagu armukadedusest, kadedusest, vihkamisest, abielurikkumisest, pettusest jms. Ja kui me püsime Jumala Sõnas, kaob me südames olnud väärus ja alles jääb ainult tõde. Kui me tõmbame oma südamest patu kibedad juured, ei saa patt meisse mõtete kaudu enam tulla. Seega, mida iganes me näeme, me näeme headusest lähtuvalt ja mida iganes me võime öelda ja teha, sünnib samuti meie südamest lähtuvast headusest.

Õpetussõnades 4:23 öeldakse: „Hoia oma südant enam kui kõike muud, mida tuleb hoida, sest sellest lähtub elu!" Õigus, mis viib ellu ehk eluallikas, tuleb südame kaitsmisest. Selleks, et me saaksime elu, tuleb meil pidada oma südames õigust ehk tõde ja selles püsida. Sellepärast on inimese mõtlemist ja südant väga vaja kaitsta.

Aga kuna meis on väga palju kurjust, ei ole meil võimalik sellest kõigest vaid oma jõuga vabaneda. Me vajame omapoolsetele patust vabanemise püüetele lisaks ka Püha Vaimu väge. Sellepärast on meil vaja palvet. Kui me palvetame innukalt, tuleb meie üle Jumala arm ja vägi ja me täitume Püha Vaimuga. Siis suudame me neist pattudest vabaneda!

Jakoobuse 3:17 öeldakse: „Aga ülalt pärinev tarkus on esmalt puhas..." See tähendab, et kui me vabaneme oma südames olnud pattudest ja keskendume ainult õigusele, siis tuleb meie ellu ülalt pärinev tarkus. Ükskõik kui suur selle maailma tarkus ka ei oleks, see ei ole iialgi võrdväärne ülalt pärineva tarkusega. Selle maailma tarkus tuleb inimeselt, kes on piiratud ja kes ei suuda isegi sekundijagu tulevasi asju ette näha. Kuid ülalt tulev tarkus tuleb Kõikvõimsa Jumala käest ja seeläbi võime me isegi tulevikus juhtuvat ette teada ja selleks ette valmistuda.

Luuka 2:40 öeldakse, et Jeesus „kasvas ja muutus tugevaks ja sai tarkust juurde". Sinna on kirja pandud, et kui ta sai kaheteist aastaseks, oli ta nii tark, et isegi käsuseadust põhjalikult tundnud rabid tundsid ta tarkuse ees aukartust. Kuna Jeesuse mõtetes oli ainult õigus, sai Ta ülalt tulevat tarkust.

1. Peetruse 2:22-23 öeldakse: „Tema [Jeesus] ei teinud pattu
ega leitud pettust Tema suust"; Ta ei sõimanud vastu, kui Teda sõimati; Ta kannatas ega ähvardanud, vaid jättis kõik selle hoolde,
kes mõistab kohut õiglaselt." Sellest salmist võime me Jeesuse südant näha. Samuti ütles Jeesus Johannese 4:34, kui jüngrid tõid toitu: „Minu roog on see, et ma teen selle tahtmist, kes mu on läkitanud, ja lõpetan Tema töö." Kuna Jeesuse süda ja mõtted olid vaid õigusele keskendunud, olid ka kõik Tema teod alati terviklikud.

Jeesus ei olnud üksnes Jumala tööd tehes ustav, vaid Ta oli ustav „kogu Jumala koja üle". Isegi ristil surres usaldas Ta neitsi Maarja Johannese hoole alla, et teha kindlaks, et ta eest kantakse hoolt. Seega, Jeesus täitis inimesena täielikult oma ülesanded maailmas, samal ajal kui Ta jutlustas taevariigi evangeeliumi ja tegi Jumala väe abil haiged terveks. Ta täitis lõpptulemusena täielikult oma maailma tuleku missiooni, et inimkonna pattude ja nõrkuste eest hoolt kanda. Nii sai Temast inimkonna Päästja, kuningate kuningas ja isandate isand.

Õigeks inimeseks saamise tee

Kuid mida peaksime siis meie jumalalastena tegema? Me peame saama õiglasteks inimesteks, oma tegudega Jumala käsuseadust pidades. Kuna Jeesus oli kõiki Jumala käsuseadusi pidades ja nende järgi elades meie kõigi jaoks ülimaks eeskujuks, tuleb meil Tema eeskuju järgides samamoodi teha.

Jumala käsuseaduste järgi elamine tähendab, et me peame Tema käsuseadustest kinni ja oleme Tema korralduste suhtes veatud. Kümme käsku on Jumala käsuseaduste ülim näide. Kokkuvõtlikult võib käsuseadustena võtta kõiki Piibli 66 raamatus sisalduvaid Jumala käsuseadusi. Igal kümnest käsust on vaimne tähendus. Kui me saame iga käsu tõelisest tähendusest aru ja peame neist kinni, peab Jumal meid õiglaseks.

Jeesus ütles, et on olemas üks suurim ja ülim käsk. See käsib meil armastada Jumalat kogu südamest, hingest ja meelest. Teine käsk on armastada oma ligimest otsekui iseennast (Matteuse 22:37-39).

Jeesus pidas kõiki neid käske ja elas nende järgi. Ta ei

tülitsenud kunagi ega kisendanud. Jeesus palvetas kogu aeg, kas varahommikul või kogu öö otsa. Ta pidas ka kõikidest korraldustest kinni. „Korraldused" tähistavad reegleid, mille Jumal meie jaoks kehtestas, nagu näiteks paasapüha pidamine või kümnise toomine. On kirja pandud, et Jeesus läks Jeruusalemma, et paasapüha pidada, täpselt nii nagu kõik teised juudid tegid.

Kristlased, kes on vaimsed juudid, säilitavad juudi rituaale vaimses mõttes ja järgivad neid. Kristlased lõikavad oma südame ümber samamoodi nagu Vana Testamendi ajal teostati füüsilist ümberlõikust. Nad kummardavad ülistusteenistustel vaimus ja tões, peavad kinni Vana Testamendi aja Jumalale ohvrite toomise vaimsest tähendusest. Kui me peame Jumala käsuseadustest kinni ja rakendame need ellu, saame me tõelise elu ja muutume õiglaseks. Isand võitis surma ja ärkas ellu ja seega võime meiegi tunda rõõmu igavesest elust õigete ülestõusmiseks.

Õigete õnnistus

Riid, vaen ja haigused tabavad inimesi, kuna nad ei ole õiglased. Seadusetus tuleb õigluse puudumisest ja sellega kaasnevad valu ja kannatused, kuna inimesed võtavad vastu pattude isa – kuradi töö. Kui seadusetust ja ebaõiglust poleks, poleks ka katastroofe, kannatusi ega raskusi ja see maailm oleks tõesti ilus koht. Sellele lisaks, kui teist saab Jumala arvates õige inimene, saate te Temalt suuri õnnistusi. Teist võib saada tõesti väljapaistev ja õnnistatud inimene.

5. Moosese 28:1-6 räägitakse sellest üksikasjalikult: „Ja kui sa tõesti kuulad Isanda, oma Jumala häält ja pead hoolsasti kõiki Tema käske, mis ma täna sulle annan, siis tõstab sind

Isand, su Jumal, kõrgemaks kõigist rahvaist maa peal. Ja kõik need õnnistused saavad sulle osaks ja tabavad sind, kui sa võtad kuulda Isanda, oma Jumala häält. Õnnistatud oled sa linnas ja õnnistatud oled sa väljal.

Õnnistatud on su ihuvili, su maapinna saak, su karja juurdekasv, su veiste vasikad ning su lammaste ja kitsede talled. Õnnistatud on su korv ja su leivaküna. Õnnistatud oled sa tulles ja õnnistatud oled sa minnes."

Samuti lubas Jumal 2. Moosese 15:26, et kui me teeme seda, mis on Tema arvates õige, ei pane Ta meie peale ühtegi neist haigustest, mida Ta pani egiptlaste peale. Seega, kui me teeme seda, mis on Jumala arvates õige, siis me oleme terved. Me võime igas eluvaldkonnas edukad olla ja kogeda igavest rõõmu ja õnnistusi.

Siiani me vaatlesime, mis on õigus Jumala arvates. Nüüd, kui te tegutsete laitmatult Jumala käsuseaduste ja korralduste kohaselt ja elate Jumala ees õiglaselt, ma loodan, et te võite kogeda täiel määral Jumala armastust ja õnnistusi!

Sõnastik

Usk ja õiglane inimene

On olemas kahte tüüpi usku: „vaimne usk" ja „lihalik usk". „Lihaliku usu" omamise korral suudetakse uskuda vaid asju, mis ühtivad inimese teadmiste ja mõtetega. Sellist liiki usk on ilma tegudeta usk. Seetõttu on tegu surnud usuga, mida Jumal ei tunnusta. „Vaimse usu" omamise korral suudetakse uskuda kõike, mis lähtub Jumala Sõnast, isegi kui see ei pruugi inimese teadmiste või mõtetega ühtida. Niisuguse usuga tegutseb inimene Jumala Sõna järgi.

Inimesel võib olla niisugune usk, kui ta saab selle Jumala käest ja igaühel on erinev usumõõt (Roomlastele 12:3). Laiemas mõttes, usku saab liigitada esimesest viienda tasemeni: esimesel usutasemel on inimesel usk pääsemise vastuvõtmiseks; teisel tasemel püüab inimene Jumala Sõna järgi tegutseda; kolmandal tasemel suudab inimene täielikult Sõna alusel tegutseda; neljandal tasemel on inimene pattudest vabanemise kaudu pühitsusele jõudnud ja armastab Isandat üle kõige; ja viiendal tasemel on inimesel usk, mis valmistab Jumalale täit rõõmu.

„Õige" tähistab õiglasi inimesi

Kui me võtame Jeesuse Kristuse vastu ja saame Tema kalli vere läbi oma pattude andestuse, oleme me õigeks tehtud. See tähendab, et me oleme usu läbi õigeks saanud. Aga kui me vabaneme oma südames kurjusest või vääruses ja püüame Jumala Sõna alusel tõe järgi tegutseda, võime me muutuda tõesti õiglasteks inimesteks, keda Jumal peab õigeteks. Jumalal on väga hea meel niisugustest õigetest inimestest ja Ta vastab nende igale palvele (Jakoobuse 5:16).

7. peatükk

Õige elab usust

*„Sest Jumala õigus on ilmunud
evangeeliumis usust usku, nii nagu on
kirjutatud: „Aga õige jääb usust elama."*
(Roomlastele 1:17)

Kui keegi teeb heateo orvule, lesknaisele või vajaduses olevale ligimesele, kutsuvad inimesed tavaliselt seda inimest õigeks meheks või naiseks. Kui keegi paistab olevat lahke ja tasane, peab käsuseadusest kinni, ei vihastu lihtsalt ja on vaikselt kannatlik, tehakse talle komplimente ja öeldakse: „Sellel inimesel ei ole isegi reegleid vaja!". Kuid kas see tõesti tähendab, et tegu on õige inimesega?

Hoosea 14:10 öeldakse: „Kes on tark, mõistku seda; kes on arukas, võtku teatavaks; sest Isanda teed on õiged: õiged käivad nende peal, aga üleastujad komistavad." See tähendab, et Jumala käsuseadusi pidav inimene on tõesti õige inimene.

Samuti öeldakse Luuka 1:5-6: „Juuda kuninga Heroodese päevil elas preester, nimega Sakarias, Abija teenistuskorrast, ta naine oli Aaroni tütardest ja tema nimi oli Eliisabet. Nad mõlemad olid õiged Jumala silmis, elades laitmatult kõigi Isanda käskude ja nõudmiste järgi." See tähendab, et inimene on õige ainult siis, kui ta elab Jumala käsuseaduste kohaselt või Isanda kõigi käskude ja korralduste kohaselt.

Selleks, et tõesti õigeks inimeseks saada

Hoolimata sellest, kuivõrd palju keegi püüab olla õige, ei ole keegi õige, sest igaühel on pärispatt, mis on esivanematelt päritud ja nad on ise teinud pattu ehk teiste sõnadega tegelikult patustanud. Roomlastele 3:10 öeldakse: „Ei ole õiget, ei ühtainsatki." Ainus õige inimene oli ja on Jeesus Kristus.

Jeesus, kellel polnud pärispattu ja kes ei teinud ise pattu, valas oma vere ja suri ristil, et meie patukaristust maksta ja Ta tõusis surnuist taas ellu ja Temast sai meie Päästja. Sel hetkel, mil me usume Jeesust Kristust, kes on tee, tõde ja elu, pestakse meie patud ära ja me oleme õigeks tehtud. Aga see, et me oleme usu läbi õigeks saanud, ei tähenda, et me oleme lõpetanud. Jah, kui me usume Jeesust Kristust, andestatakse meile meie patud ja me oleme õigeks tehtud, aga meie südames on ikkagi patused loomuomadused.

Sellepärast kirjutatakse Roomlastele 2:13: „Jumala ees ei ole ju õiged Seaduse kuuljad, vaid Seaduse täitjad, kes mõistetakse õigeks." See tähendab, et isegi kui me oleme usu läbi õigeks tehtud, võime me tõeliselt õigeks inimeseks saada üksnes siis, kui me muudame oma ebatõese südame Jumala Sõna alusel elades tõeseks südameks.

Vana Testamendi ajal, enne Püha Vaimu tulekut, ei saanud

inimesed iseenesest pattudest täielikult vabaneda. Seega, kui nad ei teinud tegudes pattu, ei peetud neid patusteks. See oli käsuseaduse ajal, mil inimestele tasuti „silm silma eest ja hammas hamba eest". Aga Jumal soovib südame ümberlõikust – väärusest või südame patustest loomuomadustest vabanemist ja armastuse ja halastusega käitumist. Seega, erinevalt Vana Testamendi ajast, saavad Uue Testamendi ajal Jeesuse Kristuse vastuvõtnud inimesed Püha Vaimu anni ja Püha Vaimu abil antakse neile vägi oma südames olevatest patustest loomuomadustest vabanemiseks. Inimene ei suuda vaid oma jõuga patust vabaneda ja õigeks saada. Sellepärast tuli Püha Vaim.

Sellepärast vajame me Püha Vaimu abi, et tõesti õigeks inimeseks saada. Kui me hüüame Jumalat palves appi, et õigeks saada, annab Jumal meile armu ja jõudu ja Püha Vaim aitab meid. Seega me suudame kindlalt pattu võita ja oma südamest patused loomuomadused juurtega välja tõmmata. Kui me jätkame patust vabanemist, jõuame pühitsusele ja saame Püha Vaimu abil täie usumõõdu, saame me rohkem Jumala armastust ja muutume tõesti õigeks inimeseks.

Miks on meil vaja õigeks inimeseks saada?

Te võite küsida: „Kas mul on tõesti vaja õigeks saada?" Kas ma ei võiks lihtsalt uskuda Jeesust teatud kauguseni minnes ja normaalset elu elada?" Kuid Jumal ütleb Johannese ilmutuses 3:15-16: „Ma tean su tegusid, et sa ei ole külm ega kuum. Oh oleksid sa ometi külm või kuum! Aga nüüd, et sa oled leige ja mitte külm ega kuum, sülitan ma su välja oma suust."

Jumalale ei meeldi „keskpärane usk". Leige usk on ohtlik, sest sellises usus on tõeliselt raske pikema aja vältel püsida. Lõpuks muutub selline usk külmaks. See on sooja vee moodi. Kui see veidikeseks ajaks välja jätta, jahtub see lõpuks ja läheb külmaks. Jumal ütleb, et Ta sülitab sellise usuga inimesed oma suust välja. See tähendab, et niisuguse usuga inimesi ei saa päästa.

Kuid miks meil on siis õige olla vaja? Nii nagu kirjutatakse Roomlastele 6:23: „Sest patu palk on surm", kuulub patune vaenlasele kuradile ja läheb surma teed. Seega peab patune patust pöörduma ja õigeks muutuma. Üksnes siis saab patune vabaks katsumustest, viletsusest ja haigusest, mis kurat ta ellu toob. Nii nagu inimene elab selles maailmas, kogeb ta väga sarnaselt igasuguseid kurbi ja raskeid olukordi nagu näiteks haigusi, õnnetusi ja surma. Aga kui inimene muutub õigeks, pole tal selliste asjadega midagi ühist.

Seega me peame Jumala Sõnu tähele panema ja kõiki Ta käsuseadusi pidama. Kui me elame õigelt, võime me saada kõik õnnistused, mida kirjeldatakse 5. Moosese 28. peatükis. Ja nii nagu meie hinge lugu on hea, on ka meil kõiges edu ja me oleme terved.

Kuid raskused järgivad teid, kuni te muutute õigeks inimeseks, kes saab kõik need õnnistused vastu võtta. Näiteks, selleks, et Olümpiamängudel kuldmedalit võita, läbivad sportlased range treeningu. Selle sarnaselt laseb Jumal vähehaaval oma armastatud lastel läbida teatud katsumusi ja viletsust nende suutlikkust mööda ja olemasoleva usumõõdu kohaselt, et nende hing võiks jätkuvalt õitseda.

Jumal käskis Aabrahamil lahkuda ta isakojast ja ütles: „Käi minu palge ees ja ole vaga!" (1. Moosese 17:1). Ta koolitas Aabrahami ja juhatas teda, kuniks ta sai tõeliselt õigeks inimeseks. Lõpuks, pärast seda kui Aabraham läbis viimase katsumuse, et oma ainus poeg Iisak Jumalale põletusohvriks tuua, lõppesid katsumused. Pärast seda oli Aabraham alati õnnistatud ja tal oli kõiges hea käekäik.

Jumal koolitab meid, et meie usku kasvatada ja meid õigeks teha. Kui iga inimene läbib iga katsumuse, õnnistab Jumal teda ja juhatab ta siis isegi suuremasse usku. Ja selle protsessi kaudu kasvab meisse üha enam Isanda süda.

Meie Taevas saadav au erineb sõltuvalt sellest, kui palju me pattudest vabanesime ja kui palju meie süda sarnaneb Kristuse südamele. Täpselt nii nagu on kirjas 1. Korintlastele 15:41: „Isesugune on päikese kirkus ja isesugune kuu kirkus ja isesugune tähtede kirkus, sest ka täht erineb tähest kirkuse poolest", meie tulevase taevase au suurus sõltub sellest, kuivõrd õigeks me siinses maailmas muutusime.

Jumal tahab omale niisuguseid lapsi, kellel on Tema laste tõelised omadused – neid, kellel on Isanda süda. Need inimesed lähevad Uude Jeruusalemma, kus asub Jumala troon ja nemad saavad elada au paigas, mis särab kui päike.

Õige elab usust

Ent kuidas me peaksime elama, et õigeks inimeseks saada? Meil on vaja usu läbi elada, nii nagu kirjutatakse Roomlastele 1:17: „Aga õige jääb usust elama." Usku saab kaheks põhiliigiks jagada: lihalik usk ja vaimne usk. Lihalik usk on teadmistel põhinev usk ehk mõistuseusk.

Kui inimene sünnib ja kasvab, talletub nähtu, kuuldu ja vanematelt, õpetajatelt, naabritelt ja sõpradelt õpitu tema ajus olevasse mäluaparaati teadmiste näol. Kui inimene usub ainult siis, kui miski ühtib tema juba olemasolevate teadmistega, kutsutakse seda lihalikuks usuks. Inimesed, kellel on niisugust liiki usk, usuvad, et midagi saab juba olemasolevast luua. Kuid nad ei suuda uskuda ega aktsepteerida millegi eimillestki loomist.

Näiteks, nad ei suuda uskuda, et Jumal lõi taevad ja maa Sõnaga. Nad ei suuda uskuda seda sündmust, mille käigus Jeesus vaigistas tormi, tuult noomides ja merd käskides: „Jää vakka, ole vait!" (Markuse 4:39). Jumal avas eesli suu ja pani ta rääkima. Ta lasi Moosesel oma saua abil Punase mere lõhestada. Ta pani isegi massiivse Jeeriko müüri murenema pärast seda, kui iisraellased lihtsalt marssisid ümber selle ja hüüdsid. Need sündmused ei ole mingil moel mõistuspärased tavalise inimese teadmiste ja mõtlemise kohaselt.

Kuidas võib meri kaheks minna lihtsalt seetõttu, et keegi tõstab saua selle poole? Aga, kui Jumal, kellel pole midagi võimatut, teeb selle teoks, siis see juhtub! Inimene, kes tunnistab, et ta usub Jumalat ja kellel ei ole ikka vaimset usku, ei usu, et need sündmused leidsid tegelikult aset. Seega, lihaliku usuga inimesel ei ole uskumiseks piisavalt usku ja loomulikult ei suuda ta Jumala Sõnale kuulekas olla. Seetõttu ei saa need inimesed palvevastuseid ja nad ei saa ka pääsemist vastu võtta. Sellepärast kutsutakse nende usku „surnud usuks".

Vastupidiselt sellele, vaimset usku – usku, mis usub millegi loomisesse eimillestki, kutsutakse „elavaks usuks". Need, kellel on niisugune usk, lammutavad oma lihalikud mõtted ja ei püüa sündmust ega olukorda vaid oma teadmiste ja mõtetega mõista.

Vaimse usuga inimestel on usk, millega nad aktsepteerivad kõike Piiblis sellisena, nagu see lihtsalt on. Vaimne usk on usk, mis usub võimatut. Ja kuna see viib inimese pääsemisele, kutsutakse seda „elavaks usuks". Kui te tahate õigeks saada, peab teil olema vaimne usk.

Kuidas saada omale vaimset usku

Vaimse usus saamiseks tuleb meil kõigepealt vabaneda oma meeles kõigist mõtetest ja teooriatest, mis häirivad vaimse usu saamist. Nii nagu kirjutatakse 2. Korintlastele 10:5, peame me hävitama arutlemise ja iga kõrge asja, mis on seatud jumalatunnetuse vastu ja me peame iga mõtte Kristuse sõnakuulelikkuse alla vangi võtma.

Teadmised, teooriad, intellektuaalsus ja väärtused, mida inimene sünnist saadik õpib, ei ole alati tõesed. Ainult Jumala Sõna on absoluutne igavene tõde. Kui me püsime selle juures, et meie piiratud inimlikud teadmised ja teooriad on tõesed, siis ei suuda me mingil moel Jumala Sõna tõena vastu võtta. Seetõttu ei suuda me vaimset usku saada. Sellepärast on väga tähtis, et me lammutaksime otsekohe kõigepealt sellise mõttelaadi.

Samuti tuleb meil vaimse usu saamiseks usinalt Jumala Sõna kuulata. Roomlastele 10:17 öeldakse, et usk tuleb kuuldust; seega me peame kuulma Jumala Sõna. Kui me ei kuula Jumala Sõnu, ei tea me, mis on tõde ja seega ei leidu meis vaimse tõe jaoks ruumi. Kui me kuuleme Jumala Sõna või teiste inimeste tunnistusi ülistuskoosolekutel ja erinevatel koguduse koosolekutel, võrsub meis usk, isegi kui see võib esialgu teadmisteusk olla.

Siis tuleb meil selle teadmisteusu vaimseks usuks muutmiseks

Jumala Sõna oma ellu rakendada. Nii nagu kirjutatakse Jakoobuse 2:22, usk on tegev inimese tegude kaudu ja tegude läbi usk täiustub.

Inimene, kellele meeldib pesapall, ei saa suurepäraseks pesapalluriks lihtsalt seetõttu, et ta loeb palju raamatuid pesapalli kohta. Kui ta talletas teadmisi, tuleb tal saadud teadmiste põhjal karm treening läbida, et väga heaks pesapalluriks saada. Samamoodi, hoolimata sellest, kui palju te Piiblit ka ei loeks, kui teie teod ei järgne loetule, siis püsib teie usk vaid teadmistena ja te ei suuda omale vaimset usku saada. Kui te kuuldu ellu rakendate, siis saate te Jumalalt vaimse usu – usu, millega te saate tõesti kogu südamest uskuda.

Seetõttu, kui keegi tõesti usub kogu südamest Jumala Sõna, mis ütleb: „Rõõmustage alati, palvetage lakkamatult, tänage kõige eest", siis kuidas ta tegutseb? Muidugi ta rõõmustab rõõmsates oludes. Kuid ta rõõmustab ka raskete olude korral. Ta annab rõõmuga kõik Jumala kätte. Hoolimata sellest, kuivõrd hõivatud ta võib olla, ta teeb palvetamiseks aja vabaks. Ja hoolimata sellest, millistes oludes ta ka ei oleks, tänab ta alati, uskudes, et ta palved saavad vastuse, sest ta usub kõikvõimsat Jumalat.

Kui me niimoodi kuuletume Jumala sõnadele, on Tal meie ususest hea meel ja Ta võtab meie elust katsumused ja viletsuse ja vastab meie palvetele, et meil oleks tõesti põhjust rõõmustada ja tänada. Kui me palvetame usinalt, vabaneme Püha Vaimu abil oma südames olnud väärusest ja tegutseme Jumala Sõna järgi, siis muutub meie teadmisteusk pjedestaaliks, kus Jumal annab meile vaimse usu.

Kui meil on vaimne usk, kuuletume me Jumala Sõnale.

Kui me püüame usu läbi teostada midagi, mida me ei saa teha, aitab Jumal meil seda teha. Sellepärst peaks rahaliste õnnistuste saamine väga kerge olema. Nii nagu kirjutatakse Malaki 3:10, kui me toome Jumalale kogu kümnise, valab Ta meid üle nii suure õnnistusega, et meie varaaidad voolavad üle! Kuna me usume, et me lõikame seda, mida me külvame, 30, 60 ja 100 korda, külvame me rõõmuga. Niimoodi pälvivad õiged usu läbi Jumala armastust ja õnnistusi.

Usus elamise viisid

Me tuleme oma igapäevaelus meie ees seisva „Punase mere", mahalammutamisele kuuluva „Jeeriko linna" ja voolava „Jordani jõe" juurde. Kui need probleemid meie ees seisavad, tähendab tões elamine usuelu elamist. Näiteks, kui meil on lihalik usk ja keegi lööb meid, tahame me teist inimest vastu lüüa ja teda vihata. Aga kui meil on vaimne usk, ei vihka me teist inimest, vaid pigem armastame teda. Kui meil on niisugune elav usk, mis rakendab Jumala Sõna ellu, pageb vaenlane kurat meie eest ja meie probleemid lahenevad.

Õiged, kes elavad usu läbi, armastavad Jumalat, kuuletuvad Talle ja peavad Ta käsuseadusi ning elavad tõe kohaselt. Vahetevahel küsivad inimesed: „Kuidas me saame kõiki käsuseadusi pidada?" Kuna lapse jaoks on üksnes sünnis oma vanemaid austada ja abikaasadel teineteist armastada, kui me kutsume end jumalalasteks, on üksnes sünnis, et me peame Tema käsuseadustest kinni.

Vastpöördunutel, kes alustasid alles koguduses käimist, võib olla esialgu raske oma poodi pühapäeviti sulgeda. Nad kuulevad, et Jumal õnnistab neid, kui nad peavad täit hingamispäeva ja sulevad pühapäeviti oma poe, kuid seda võib esiti raske uskuda olla. Seega, mõnel juhul võivad nad osaleda lihtsalt pühapäeva hommikusel teenistusel ja siis pärastlõunal oma poe avada.

Teisalt, enam täiskasvanud usklikele ei ole tulu saamine probleemiks. Nende esimeseks eelistuseks on Jumala Sõnale kuuletumine ja seega nad kuuletuvad ja sulgevad pühapäeviti oma poe. Siis Jumal näeb nende usku ja garanteerib, et nad saavad palju suuremat tulu, kui see tulu, mida nad saaksid pühapäeviti poodi lahti hoides. Nii nagu Jumal lubas, kaitseb Ta neid kahju eest ja õnnistab neid tihedaks vajutatud, raputatud, kuhjaga mõõduga.

See kehtib ka pattudest vabanemise kohta. Pattudest nagu vihkamine, armukadedus ja himu, on raske vabaneda, kuid neist saab innuka palve abil vabaneda. Oma kogemusest rääkides, ma vabanesin pattudest, millest ma üksnes palve abil vabaks ei saanud, paastudes. Kui kolmepäevasest paastust ei piisanud, paastusin ma viis päeva. Kui sellest ka ei piisanud, proovisin ma seitsmepäevast ja siis kümnepäevast paastu. Ma paastusin niikaua, kuni ma olin patust vaba. Siis ma leidsin, et ma vabanesin hoopis patust, et paastumist vältida!

Kui me suudame vabaneda neist mõnest patust, millest on kõige raskem vabaks saada, siis teistest pattudest on lihtne vabaneda. See sarnaneb puu juurimisele. Peajuurt välja tõmmatest tulevad sellega kõik ülejäänud väikesed juured.

Kui me armastame Jumalat, siis ei ole meil raske Tema käsuseadusi pidada. Kuidas saaks keegi, kes Jumalat armastab, Tema sõnadele mitte kuuletuda? Jumala armastamine tähendab

Tema sõnadele kuuletumist. Seega, kui teis on armastus Tema vastu, suudate te kõiki Tema käsuseadusi pidada. Kas teie ette kuhjunud probleemid on sama suured nagu Punane meri või sama hirmuäratavad nagu Jeeriko linn?

Kui meil on vaimne usk ja me rakendame selle ellu ning elame õiglaselt, lahendab Jumal kõik meie rasked probleemid ja võtab meie elust kannatuse. Mida õiglasemaks me muutume, seda kiiremini lahenevad meie probleemid ja seda kiiremini me saame oma palvetele vastused! Seega, lõpuks, ma loodan, et te tunnete rõõmu rikkalikust elust mitte üksnes selles maailmas, vaid saate ka igavesed õnnistused Taevas ja marsite Jumala õige inimesena usus edasi!

Sõnastik

Mõtted, teooriad ja mõttemallid

„Mõte" tähistab hinge töö kaudu aju mäluaparaati talletatud teadmiste esiletoomist. Neid mõtteid saab kaheks liigitada: lihalikud mõtted, mis on Jumala vastased ja vaimsed mõtted, mis on Jumalale meelepärased. Meie mällu talletatud teadmiste kohaselt, kui me valime selle, mis on tõde, mõtleme me vaimseid mõtteid. Sellele vastupidiselt, kui me valime selle, mis on väär, on meie mõtted lihalikud.

„Teooria" on loogika, mis rajatakse kogemuste, intellekti või hariduse baasilt saadud teadmiste alusel. Teooria erineb vastavalt igaühe kogemustele, mõtetele või ajastule. Sellest tekkivad vaidlused ja paljudel kordadel läheb see Jumala Sõna vastu.

„Mõttemall" on vaimsed mõttemallid, mille toel inimene peab end õigeks. Need mõttemallid moodustuvad, kui inimese eneseõigus muutub jäigaks. Seetõttu muutub mõne inimese puhul tema isiksus iseenesest mõttemalliks ja teiste puhul võivad nende teadmised ja teooriad mõttemallideks muutuda. Me peame kuulma Jumala Sõna ja mõistma tõde, et oma meelest need mõttemallid leida ja maha lammutada.

8. peatükk

Kristuse kuulekusele

„Sest ka lihalikus ihus elades ei sõdi me selle loomuse järgi, meie võitluse relvad ei ole ju lihalikud, vaid need on Jumalas vägevad kindluste mahalõhkumiseks. Me kummutame targutused ja purustame iga kõrkuse, mis tõstab end jumalatunnetuse vastu, ja me võtame vangi Kristuse sõnakuulmisse kõik mõtted ja oleme valmis nuhtlema iga sõnakuulmatust, kui teie sõnakuulelikkus on saanud täielikuks."
(2. Korintlastele 10:3-6)

Kui me võtame Jeesuse Kristuse vastu ja saame õigeks inimeseks, kellel on vaimne usk, võime me Jumalalt uskumatuid õnnistusi saada. Me ei anna üksnes Jumalale Tema tööd vägevat tehes au, vaid Ta vastab ja annab meile kõike, mida iganes me Temalt palves palume ja me võime elada igakülgselt edukat elu.

Kuid leidub ikkagi inimesi, kes tunnistavad, et nad usuvad Jumalat ja ikkagi ei kuuletu Tema Sõnale ning ei saa seega Jumala õigust pälvida. Nad tunnistavad, et nad palvetavad ja teevad Isanda heaks palju tööd ja ikkagi nad ei ole õnnistatud ning nende elus on pidevalt katsumused, viletsus ja haigused. Kui inimesel on usk, peab ta Jumala Sõna alusel elama ja Tema rikkalikke õnnistusi vastu võtma. Kuid miks usklikud ei suuda seda teha? See ei sünni, kuna nad jätkavad lihalikest mõtetest kinnihoidmist.

Lihalikud mõtted, mis on Jumalaga vaenus

„Liha" mõiste tähistab inimese ihu koos patuste loomuomadustega. Need patused loomuomadused on inimsüdames olevad ebatõed, mis pole välispidiselt tegudes paljastunud. Kui need ebatõed tulevad mõtete näol esile, kutsutakse neid mõtteid „lihalikeks mõteteks". Kui meil on lihalikud mõtted, ei suuda me tõele täielikult kuuletuda. Roomlastele 8:7 öeldakse: „Seepärast et lihalik mõtteviis on vaen Jumala vastu, sest ta ei alistu Jumala Seadusele ega suudagi seda."

Aga mis on täpsemalt need lihalikud mõtted? On kahte tüüpi mõtteid. Esimeseks, vaimsed mõtted, mis aitavad meil tõe ehk Jumala käsuseaduste kohaselt tegutseda ja teised on lihalikud mõtted, mis ei lase meil Jumala käsuseaduste kohaselt tegutseda (Roomlastele 8:6). Tõe ja vääruse vahel valides võivad meil olla kas vaimsed mõtted või lihalikud mõtted.

Aga vahel kui me näeme kedagi, kes ei meeldi meile, võivad meil olla tema vastu tuntava vimmatunde tõttu ebameeldivuse mõtted. Teisalt, meis võivad olla ka selle inimese armastamise püüdmise mõtted. Kui me näeme ligimest, kellel on midagi väga kena, võib meis olla temalt selle ära varastamise mõte või mõte, et me ei tohiks oma ligimese vara himustada. Mõtted, mis on kooskõlas Jumala käsuseadusega, milles öeldakse, et me armastaks oma ligimest ja ei oleks ahne, on vaimsed mõtted. Aga mõtted, mis provotseerivad teid vihkama ja varastama, on Jumala käsuseaduste vastased ja seega lihalikud mõtted.

Lihalikud mõtted on Jumala vastu vaenus – seega need muudavad meie vaimse kasvu kiduraks ja lähevad Jumala vastu. Kui me järgime lihalikke mõtteid, eemaldume me Jumalast, alistume ilmalikule maailmale ja sattume lõpuks kannatustesse ja viletsusse. Me näeme, kuuleme ja õpime sellest maailmast palju asju. Paljud neist on Jumala tahte vastased ja takistuseks meie usuteel. Me peame aru saama, et kõik need asjad on lihalikud mõtted, mis on Jumalaga vaenus. Ja kui me avastame need mõtted, tuleb meil neist põhjalikult vabaneda. Hoolimata sellest, kuivõrd õige see teile näib, kui see ei ole Jumala tahtega kooskõlas, on tegu lihaliku mõttega ja sellepärast on see Jumalaga vaenus.

Vaatleme Peetruse juhtumit. Kui Jeesus ütles jüngritele, kuidas Ta pidi minema Jeruusalemma, kus Teda ootas ristilöömine ja siis kolmandal päeval üles tõusma, ütles Peetrus: „Jumal hoidku, Isand! Ärgu seda sulle sündigu!" (Matteuse 16:22). Kuid siis ütles Jeesus: „Tagane, vastupanija! Sa oled mulle kiusatuseks, sest sa ei mõtle Jumala, vaid inimese viisil" (Matteuse 16:23).

Peetrus ütles seda Jeesuse paremal käel olnud jüngrina armastusest oma õpetaja vastu. Aga hoolimata sellest, kuivõrd hea ta kavatsus oli, tema sõnad läksid Jumala tahte vastu. Kuna Jumal tahtis, et Ta läheks ristile ja teeks päästetee, heitis Jeesus minema saatana, kes püüdis Peetrust tema mõtete kaudu kõrvale juhtida. Lõpuks sai Peetrus Jeesuse surma ja ülestõusmist kogedes aru, kuivõrd väärtusetud ja vaenulikud on lihalikud mõtted Jumala suhtes ja ta hävitas need mõtted täiesti. Selle tulemusel sai Peetrusest Kristuse evangeeliumi peamine levitaja, kes ehitas vankumatu algkoguduse.

„Eneseõigus" – üks peamisi lihalikke mõtteid

„Eneseõigus" on peamine näide kõigi eritüüpi lihalike mõtete seast. Lihtsalt öeldes, „eneseõigus" tähendab vaidlust seetõttu, et teil on õigus. Pärast sündi õpib inimene oma vanematelt ja õpetajatelt palju asju. Ta saab ka sõpradelt ja erinevatest keskkondadest, kuhu ta sattub, asju teada.

Kuid hoolimata sellest, kuivõrd suurepärased inimese vanemad ja õpetajad ka ei oleks, inimesel ei ole lihtne vaid tõde tundma õppida. Tõenäolisem on see, et ta saab teada palju asju, mis lähevad Jumala tahte vastu. Muidugi püüab igaüks õpetada seda, mida ta õigeks peab; aga Jumala õiguse standardiga võrreldes on peaaegu kõik asjad väärad. Tõeseid asju on väga vähe, sest keegi ei ole hea, peale Jumala (Markuse 10:18; Luuka 18:19).

Näiteks, Jumal käsib meil kurja heaga tasuda. Ta ütleb meile, et kui keegi sunnib teid endaga miili minema, tuleks meil temaga koos kaks miili minna. Kui nad võtavad teilt kuue, andke neile lisaks ka oma särk. Ta õpetab meile, et see, kes teenib, on suurem ja see, kes annab ja ohverdab, on lõpuks tõeline võitja. Aga see, mida inimesed „õiguseks" peavad, on eri inimeste puhul erinev. Nad õpetavad, et kurjale tuleb kurjaga tasuda ja me peame kurjale viimse lõpuni vastu panema, kuni selle lüüasaamiseni.

Siin on lihtne näide. Teie laps läheb oma sõbra koju ja naaseb nuttes. Ta nägu näeb välja, otsekui keegi oleks seda küünistanud. Sel hetkel muutub enamik vanematest väga ärritunuks ja hakkab oma last karistama. Mõnel tõsisel puhul võib vanem öelda: „Järgmisel korral ära lihtsalt istu ja lase end peksta. Võitle enese eest!". Nad õpetavad oma lapsele, et peksasaamine on nõrkuse või kaotuse märk.

Samuti on inimesi, kes võivad haiged olla. Hoolimata sellest, kuidas nende hooldaja end tunda võib, nad nõuavad seda ja teist ja püüavad iseendid mugavamalt tunda. Haige perspektiivist peab ta oma tegusid õigustatuks, sest ta valu on suur. Aga Jumal õpetab, et me ei taotleks omakasu, vaid seda, mis on teistele hea. Inimese ja Jumala mõtted erinevad niimoodi. Inimese ja Jumala õiguse standardid on väga erinevad.

1. Moosese 37:2 näeme me Joosepit, kes andis omaõiguse tõttu isale aeg-ajalt teada oma vendade väärtegudest. Tema vaatenurgast nähes ei meeldinud talle vendade seadusetud teod. Kui Joosepi südames oleks olnud veidi rohkem headust, oleks ta otsinud Jumalalt tarkust ja leidnud probleemi lahenemiseks parema ja rahulikuma viisi, ilma vendadele ebamugavust valmistamata. Aga vennad vihkasid teda tema eneseõiguse tõttu ja müüsid ta Egiptusesse orjaks. Seega, kui te solvate teist inimest niimoodi, selle tõttu, mida teie peate „õigeks", võite te niisuguseid raskeid hetki kogeda.

Kuid mis juhtus Joosepiga, kui ta sai kogetud katsumuste ja viletsuse kaudu aru Jumala õigusest? Ta vabanes oma eneseõigusest ja tõusis Egiptuse peaministri kohale ja sai meelevalla, et paljude inimeste üle valitseda. Ta päästis isegi oma perekonna, kes oli ta orjusesse müünud, suurest näljahädast. Teda kasutati ka Iisraeli rahva moodustumisaluse rajajana.

Apostel Paulus lammutas oma lihalikud mõtted

Filiplastele 3:7-9 ütles Paulus: „Kuid mis mulle oli kasuks, seda ma olen arvanud kahjuks Kristuse pärast. Jah, enamgi: ma pean kõike kahjuks Isanda Kristuse Jeesuse kõikeületava tunnetuse kõrval. Tema pärast olen ma minetanud kõik selle ja pean seda pühkmeiks, et saada kasuks Kristust ja et mind leitaks Tema seest ega oleks mul oma õigust, mis tuleb Seadusest, vaid see õigus, mis tuleb Kristusesse uskumisest, see, mille Jumal annab usu peale."

Paulus sündis Kiliikia pealinnas Tarsoses ja oli sünni poolest Rooma kodanik. Sel ajal tähendas maailma valitsenud Rooma kodakondsus, et tal oli märkimisväärne ühiskondlik võim. Sellele lisaks oli Paulus Benjamini soost õigeusklik variser (Apostlite teod 22:3), kes õppis selle aja parima õpetlase Gamaalieli käe all.

Kõige innukama juudina oli Paulus alati kristlaste kiusamisel eesrinnas. Tegelikult oli ta teel Damaskusesse, et seal olevaid kristlasi arreteerida, kui ta kohtus Jeesuse Kristusega. Paulus mõistis oma kohtumisest Isandaga, et ta oli valesti teinud ja sai kindlalt teada, et Jeesus Kristus on tõesti tõeline Päästja. Sellest hetkest alates ütles ta ei oma haridusele, väärtustele ja ühiskondlikule seisundile ja järgis Isandat.

Miks Paulus pidas pärast Jeesuse Kristusega kohtumist kõike, mida ta varem saavutanud oli, pühkmeks? Ta sai aru, et kõik ta teadmised olid pärit inimeselt, kes oli pelk loodu ja seega väga piiratud. Ta sai ka teada, et inimene võib saada elu ja kogeda

Taevas igavest rõõmu, kui ta usub Jumalat ja võtab vastu Jeesuse Kristuse ja et teadmised ja igasugune arusaamine said tegelikult alguse Jumalast.

Paulus sai aru, et selle maailma kooliharidus on vajalik pelgalt selles maailmas elamiseks, kuid Jeesuse Kristuse tundmine on kõige üllam teadmise liik, mis suudab lahendada inimese põhiprobleemi. Ta sai teada, et Jeesuse Kristuse tundmise raames on piiramatu vägi ja meelevald, aarded, au ja rikkus. Kuna ta uskus sellesse nii kindlalt, pidas ta kogu oma õpetlase teadmisi ja selle maailma arusaamasid pühkmeiks, et saada Kristust, et teda leitaks Kristuses.

Kui keegi on kangekaelne ja mõtleb, et ta teab ja on iseennast täis, siis ei suuda ta kunagi avastada oma tõelist olemust ja peab alati iseennast parimaks. Niisugune inimene ei kuula teisi alandliku südamega; seega ta ei suuda midagi õppida ega millestki aru saada. Aga Paulus kohtus kõigi aegade suurima õpetaja – Jeesuse Kristusega. Ja selleks, et omandada kogu Kristuse õpetust, vabanes ta kõigist lihalikest mõtetest, mida ta kunagi pidas absoluutselt õigeteks. Paulus tegi seda, kuna ta pidi vabanema oma lihalikest mõtetest, et saada üllast Kristuse tunnetust.

Seega, apostel Paulus suutis saada Jumalale meelepärase õigsuse, nii nagu ta tunnistas: „…ega oleks mul oma õigust, mis tuleb Seadusest, vaid see õigus, mis tuleb Kristusesse uskumisest, see, mille Jumal annab usu peale" (Filiplastele 3:9).

Õigus, mis tuleb Jumala käest

Enne Isandaga kohtumist pidas apostel Paulus rangelt käsuseadusest kinni ja pidas end õigeks. Aga pärast Isandaga kohtumist ja Püha Vaimu saamist avastas ta oma tõelise olemuse ja tunnistas: „Kristus Jeesus on tulnud maailma päästma patuseid, kelle seast esimene olen mina" (1. Timoteosele 1:15). Ta mõistis, et tal oli pärispatt ja ta oli teinud ise pattu, tegelikult patustanud ja et ta pidi tõelist vaimset armastust veel saama. Kui ta oleks algusest saadik õige olnud ja Jumalale meelepärase usuga elanud, oleks ta tundnud ära, kes Jeesus oli ja Teda algusest peale teeninud. Aga ta ei tundnud Päästjat ära ja selle asemel osales ta Jeesusesse usklike tagakiusamisel. Seega, tegelikkuses ei olnud ta erinev Jeesuse risti löönud variseridest.

Vana Testamendi ajal tuli silma eest silmaga ja hamba eest hambaga tasuda. Käsuseaduse kohaselt, kui keegi tappis või rikkus abielu, löödi ta kividega surnuks. Kuid variserid ei saanud aru käsuseadusest sisalduvast Jumala südamest. Miks peaks armastuse Jumal selliseid reegleid tegema?

Vana Testamendi ajal ei tulnud Püha Vaim inimeste südamesse. Neil oli oma tegusid raskem valitseda, kui neil, kes on Uue Testamendi ajal saanud Aitaja Püha Vaimu. Seega, patt võis levida väga kiiresti, kui oli vaid andeksandmine ja teo eest ei makstud kätte. Sellepärast pidid inimesed maksma elu elu eest, silm silma eest, hammas hamba eest ja jalg jala eest, et takistada inimestel patu tegemist ja hoiduda pattude leviku eest. Samuti, tapmine ja abielurikkumine on tõsiselt kurjad patud ka isegi ilmaliku standardi alusel. Niisugust tüüpi patte tegeva inimese süda on väga kõva. Niimoodi oleks inimesel väga raske oma teedelt pöörduda. Seega, kuna ta ei saa pääsemist vastu võtta ja läheb niikuinii põrgusse, oleks parem kui teda pillutaks kividega surnuks ja lasta sel karistusel teiste jaoks hoiatuseks ja õppetunniks olla.

See on ka Jumala armastus, kuid Jumalal ei olnud kunagi kavatsust ega soovi, et inimesel oleks legalistliku vormiga usk, kus inimene pidi maksma silma silma eest ja hamba hamba eest. 5. Moosese 10:16 ütles Jumal: „Lõigake siis ümber oma südame eesnahk ja ärge enam tehke oma kaela kangeks." Ja Jeremija 4:4 öeldakse: „Laske endid ümber lõigata Isandale ja kõrvaldage oma südamete eesnahad, Juuda mehed ja Jeruusalemma elanikud, et mu viha ei süttiks nagu tuli ega põleks teie tegude kurjuse pärast, ilma et keegi kustutaks."

Võib näha, et isegi Vana Testamendi ajal ei olnud Jumala poolt tunnustatud prohvetitel legalistlik usk. Neil polnud seda, kuna Jumal tahab tegelikult vaimset armastust ja kaastunnet. Täpselt nii nagu Jeesus Kristus täitis käsuseaduse armastusega, taotlesid need prohvetid ja usuisad, kes pälvisid Jumala armastust ja õnnistusi, armastust ja rahu.

Moosese puhul, kui Iisraeli lapsed olid surmasuus, kuna nad olid teinud andeksandmatut pattu, palvetas Mooses nende eest ja palus, et Jumal päästaks tema asemel nad. Aga Paulus ei olnud selline enne Jeesuse Kristusega kohtumist. Ta oli omaenese arvates õige.

Alles pärast Kristusega kohtumist pidas ta kõike varem teadaolevat pühkmeks ja hakkas Kristuse üllast teadmist teistele jagama. Paulus rajas kogudusi armastusest hingede vastu, kuhu iganes ta läks ja ohverdas evangeeliumi eest oma elu. Ta elas kõige väärtuslikumat ja väärilisemat elu.

Saul oli oma lihalike mõtete tõttu Jumalale sõnakuulmatu

Saul on parim näide inimesest, kes läks oma lihalike mõtete tõttu Jumala vastu. Prohvet Saamuel võidis Sauli esimeseks Iisraeli kuningaks, kes valitses riiki 40 aastat. Enne kui temast sai kuningas, oli ta alandlik inimene. Aga pärast kuningaks saamist muutus ta aeglaselt üha uhkemaks. Näiteks, kui Iisrael valmistus vilistidega sõtta minema ja prohvet Saamuel ei tulnud määratud ajal ja inimesed hakkasid laiali minema, tõi Saul ise ohvri ja tegutses iseenesest, Jumala tahte vastu minnes, isegi kui üksnes preester pidi altaril ohvri tooma. Ja kui Saamuel kutsus teda korrale, sest tal puudus lugupidamine preestri pühade piiride vastu, vabandas Saul end kiiresti välja, selle asemel et meelt parandada.

Ja kui Jumal käskis tal „amalekid täiesti hävitada", ta ei kuuletunud. Ta püüdis selle asemel hoopis kuninga kinni. Ta jättis isegi valitud eluskarja loomad alles ja tõi need koju. Kuna ta lasi oma lihalikel mõtetel sisse tulla, hindas ta omi mõtteid enam kui Jumala sõnu. Ja ometi ta palus, et ta rahvas toetaks teda. Lõpuks pööras Jumal oma pale temalt ära ja kurjad vaimud piinasid teda. Aga isegi neis oludes ta keeldus kurjast pöördumast ja püüdis tappa Taavetit, keda Jumal oli võidnud. Jumal andis Saulile palju pöördumise võimalusi, kuid ta ei suutnud oma lihalikest mõtetest vabaneda ja oli taas kord Jumalale sõnakuulmatu. Lõpuks läks ta surma teed.

Usu läbi Jumala õiguse teostamine

Aga kuidas me siis saame vabaneda lihalikest mõtetest, mis on Jumala vastu vaenulikud ja muutume Jumala silmis õigeks? Me peame hävitama kõik targutused ja mõttekõrgistused, mis on tõusnud jumalatunnetuse vastu ja iga mõtte Kristuse sõnakuulelikkuse alla vangi võtma (2. Korintlastele 10:5).

Kristusele kuuletumine ei tähenda ahelais olekut ega piina. See on õnnistuste ja igavese elu tee. Sellepärast kuuletuvad Jeesuse Kristuse Päästjana vastu võtnud ja Jumala hämmastavat armastust kogenud inimesed Tema Sõnale ja püüavad Ta südant jäljendada.

Seega, selleks, et saada Jumala õigust usu kaudu Jeesusesse Kristusesse, tuleb meil igasugusest kurjast vabaneda (1. Tessalooniklastele 5:22) ja püüda saavutada headust. Kui teie südames ei ole väärust, ei ole teil lihalikke mõtteid. Te võtate vastu saatana töö ja lähete kurjaga kaasa sama palju, kui teie südames on väärust. Seega, Kristusele kuuletumine tähendab meis olevatest ebatõdedest vabanemist ja Jumala Sõna tundmist ja selle alusel tegutsemist.

Kui Jumal käsib meil „pühenduda ühiskogunemistele", siis peaksime me pikemalt mõtlemata ühiskogunemistele pühenduma. Ülistuskoosolekutel osaledes peaksime me Jumala teid mõistma ja neile kuuletuma. Aga see, et me teame lihtsalt Jumala Sõna, ei tähenda, et me suudame kõike seda otsekohe ellu rakendada. Me peame palvetama, et saada Sõna ellurakendamiseks jõudu. Palvetades täitume me Püha Vaimuga ja saame lihalikud mõtted ära lõigata. Aga kui me ei palveta, võtavad meie lihalikud mõtted võimust ja juhivad meid eksiteele.

Sellepärast peaksime me palvetama ja usinalt püüdma Jumala Sõna järgi elada. Enne Jeesuse Kristusega kohtumist võisime me järgida oma liha soove, öeldes: „puhkame, naudime, joome ja sööme ja lõbutseme". Aga pärast Jeesuse Kristusega kohtumist tuleks meil mõtiskleda selle üle, kuidas me saame jumalariiki ja selle õigsust teoks teha ja me peaksime oma usu ellurakendamiseks palju vaeva nägema. Me peaksime leidma ja vabanema kurjusest nagu vihkamine ja armukadedus, mis on Jumala Sõna vastased asjad. Me peaksime tegutsema nii nagu Jeesus – oma vaenlasi armastama ja alanduma, teisi teenides. Siis tähendab see, et me saavutame Jumala õigsuse.

Me loodan, et te suudate hävitada targutused ja mõttekõrgistused, mis on tõusnud jumalatunnetuse vastu ja võtta iga mõtte Kristuse sõnakuulelikkuse alla vangi täpselt nii nagu apostel Paulus seda tegi, et te saaksite Jumalalt tarkust ja arusaamist ja muutuksite õigeks inimeseks, kellel on kõiges hea käekäik.

Sõnastik

Usu õigsus, kuuletumise õigsus ja tegude õigsus

Usu õigsus tähendab Jumala Sõna usaldamise teel ususilmadega positiivse lahenduse nägemist, selle asemel, et reaalsust näha lihtsalt sellisena nagu see on. See tähendab, et ei toetuta mitte vaid enese mõtetele ja võimekusele, vaid üksnes Jumala Sõnale.

Kuuletumise õigsus tähendab, et ei kuuletuta üksnes käsule, mida inimene suudab oma jõuga täita. See tähendab tõe piires kuuletumist isegi niisugusele käsule, mille teostumine tundub võimatu. Kui inimesel on usu õigsus, suudab ta ka kuuletumise õigsust teoks teha. Inimene, kes on kuuletumise õigsuse teoks teinud, toetudes oma usu õigsusele, suudab usus kuuletuda ka oludes, mis ei ole reaalselt võimalikud.

Tegude õigsus on võime Jumala tahte kohaselt teha, ilma end välja vabandamata, niikaua kui on tegu millegagi, mida Jumal tahab. Tegude õigsuse teostumisvõime erineb igaühe puhul vastavalt astja iseloomule ja südame loomusele. Mida rohkem inimene jätab kõrvale omakasu ja taotleb seda, mis teistele kasulik, seda rohkem saab ta niisugust õigsust teoks teha.

9. peatükk

See, keda Isand heaks kiidab

"Kõlblik ei ole ju see, kes ennast ise soovitab, vaid see, keda soovitab Isand."
(2. Korintlastele 10:18)

Hoolimata sellest, millisel alal me tegutseme, kui me teeme seda väljapaistvalt, võidakse meid kiita. Aga on vahe vahel, kes meid kiidab keegi suvaline isik või meie eriala ekspert. Seega, kui meie Isand, kuningate kuningas ja isandate isand tunnustab meid, siis seda rõõmu ei saa võrrelda mitte millegagi selles maailmas!

See, keda Isand heaks kiidab

Jumal kiidab neid inimesi, kellel on õiglane süda ja kellel on Kristuse hea lõhn. Piiblis ei ole liiga palju juhtumeid, kus Jeesus kedagi kiidab. Aga kui Ta seda tegi, ei olnud see otsene kiitus, vaid Ta tegi seda kaudse sõnastusega, nagu näiteks: „Sa oled õieti teinud!" „Pea seda meeles!" „Levita seda!"

Luuka 21. peatükis näeme me, kuidas vaene lesknaine toob kaks väikest vaskmünti ohvriks. Jeesus kiitis seda leske, kuna ta tõi ohvriks kõik, mis tal oli ja ütles: „Tõesti, ma ütlen teile, see vaene lesknaine pani rohkem kui kõik muud, sest need kõik panid oma küllusest Jumalale anniks, kuid tema pani oma kehvusest kogu elatise, mis tal oli" (3.-4. salmid).

Markuse 14. peatükis näeme me sündmust, kus naine valab kallist lõhnavõiet Jeesuse peale. Mõned sealviibinud inimesed tõrelesid temaga sellepärast ja ütlesid: „Selle salvi oleks võinud ju müüa rohkem kui kolmesaja teenari eest ja raha anda vaestele" (5. salm).

Seda kuuldes ütles Jeesus: „Vaeseid on teie juures ju alati, ning kui te tahate, võite teha neile head - mind aga ei ole teil alati. Ta on teinud, mis ta võis: ta on ette salvinud mu ihu matmiseks. Aga tõesti, ma ütlen teile, kus iganes kogu maailmas evangeeliumi kuulutatakse, kõneldakse ka tema mälestuseks sellest, mida ta on teinud" (6.-9. salm).

Kui te soovite, et Isand teid niimoodi kiidaks, tuleb teil esiteks teha seda, mida te tegema peate. Uurigem siis lähemalt neid asju, mida me jumalarahvana tegema peame.

Jumala heakskiidu pälvimine

1) Ehitage usinalt Jumalale altarit

1. Moosese 12:7-8 öeldakse: „Ja Isand ilmutas ennast Aabramile ning ütles: „Sinu soole ma annan selle maa!" Siis ta ehitas sinna altari Isandale, kes oli ennast temale ilmutanud. Sealt ta liikus edasi mäestikku Peetelist hommiku poole ja lõi oma telgi üles, nõnda et Peetel jäi õhtu ja Ai hommiku poole; ja ta ehitas sinna altari Isandale ning hüüdis appi Isanda nime." Peale selle, 1. Moosese 13:4 ja 13:18 on samuti kirja pandud, et Aabraham ehitas Jumalale altari.

1. Moosese 28. peatükis näeme me, kuidas Jaakob ehitas Jumalale altari. Kui Jaakob pages oma venna eest, kes tahtis teda tappa, jõudis ta kohta, kus ta jäi magama, pead kivi peale toetades. Ta nägi unes redelit, mis läks taevasse ja Jumala ingleid redelit pidi üles ja alla minemas ja ta kuulis Jumala häält. Kui Jaakob ärkas järgmisel hommikul, võttis ta kivi, mida ta oli oma peaalusena kasutanud, tõstis selle sambana püsti, valas sellele õli ja kiitis seal Jumalat.

Tänapäeva mõistes on Jumalale altari ehitamine võrdväärne kogudusse mineku ja ülistusteenistustel osalemisega. See tähendab tänu andes kogu südamest ehtsa ohvri toomist ja seda oma südame toiduseks võtmist. See tähendab kuuldud sõna võtmist ja ellu rakendamist. Niimoodi, kui me ülistame vaimus ja tões ja elame Sõna järgi, on Jumalal meist hea meel ja Ta viib meid õnnistatud ellu.

2) Tõstke Jumala ette need palved, mida Ta kuulata tahab

Palve on vaimne hingamine. See on Jumalaga suhtlemine. Palve tähtsust rõhutatakse Piiblis paljudes erinevates kohtades.

Muidugi, isegi kui me ei räägi Talle iga pisiasja, teab Ta niikuinii kõike. Aga, kuna Ta tahab meiega suhelda ja armastuse osaduses olla, andis Jumal meile Matteuse 7:7 selle lubaduse: „Paluge, ja teile antakse."

Selleks, et meie hinge lugu oleks hea ja taevasseminekuks on meil vaja palvetada. Üksnes siis, kui me oleme täitunud Jumala armu ja väega ja Püha Vaimu täiusega, võime me vabaneda lihalikest mõtetest, mis on tõe vastased ja võime täituda Jumala Sõna tõega. Samuti, meil tuleb palvetada, et tõeinimeseks saada. Palvetamise kaudu on meil kõiges edu ja meil on hea tervis, nii nagu ka meie hinge lugu on hea.

Kõik Jumala poolt armastatud ja tunnustatud inimesed olid palveinimesed. 1. Saamueli 12:23 öeldakse: „Jäägu see minust kaugele! - teeksin pattu Isanda vastu, kui ma lakkaksin palvetamast teie eest." Selleks, et saada Jumalalt midagi, mis ei ole inimliku väevõimuga võimalik, tuleb meil Jumalaga suhelda. Taaniel, Peetrus ja apostel Paulus olid kõik palveinimesed. Jeesus palvetas varahommikul ja vahel kogu öö. Lugu sellest, kuidas Ta palvetas Ketsemanes, kuni Ta higi muutus verepiiskadeks, on väga kuulus.

3) Olgu teil usk palvete saamiseks

Matteuse 8. peatükis tuli väepealik Jeesuse jutule. Sel ajal oli Iisrael Rooma võimu all. Rooma väepealik võrduks tänapäeval kõige kõrgemal positsioonil oleva sõjaväelasega. Sõjapealik palus, et Jeesus tervendaks ta sulase, kellel oli halvatus. Jeesus nägi sõjapealiku armastust ja usku ja otsustas ta sulase terveks teha.

Aga sõjapealik tunnistas oma usku: „Ei, Isand, ma ei ole seda väärt, et sina mu katuse alla tuleksid. Ütle ainult üks sõna ja mu teener paraneb! Minagi olen ju inimene meelevalla all, aga minu käsu all on sõdureid ja kui ma ütlen ühele: „Mine ära!", siis ta läheb, ja teisele: „Tule siia!", siis ta tuleb, ja oma teenijale: „Tee seda!" siis ta teeb" (Matteuse 8:8-9).

Jeesus nägi väepealiku usku ja alandlikkust ja ütles, seda väga kalliks pidades: „Tõesti, ma ütlen teile, nii suurt usku ei ole ma leidnud Iisraelis ühelgi!" (10. salm). Paljud inimesed soovivad niisugust usku saada, aga me ei saa niisugust usku lihtsalt, kuna me seda soovime. Mida enam on meie südames headust ja mida enam me rakendame Jumala Sõna ellu, seda enam me saame Jumalalt niisugust usku. Kuna väepealikul oli hea süda, ta uskus seda, mida ta nägi ja Jeesusest kuulis. Niimoodi kiidab Jumal igaühte, kes usub ja rakendab oma usu ellu ning Jumal tegutseb nende usku mööda.

4) Olgu teil alandlik süda Jumala ees

Markuse 7. peatükis tuli Jeesuse juurde alandliku südamega sürofoiniikia naine ja soovis, et ta teeks naise deemonitest seestunud tütre terveks. Kui naine palus, et Jeesus teeks ta tütre terveks, vastas Ta: „Lase esmalt lastel saada kõhud täis, ei ole ju ilus võtta laste leiba ja visata koerakestele!" (27. salm). Naine ei saanud vihaseks ega solvunud, isegi kui teda võrreldi koeraga.

Kuna temas oli suur soov saada vastus ükskõik mis hinnaga ja kuna ta uskus Jeesust, kes oli Tõde, alandus naine alandlikult ja jätkas appihüüdmist: „Isand, koerakesed ju söövad laua all laste raasukesi!" (28. salm). Jeesust liigutas naise usk ja alandlikkus ja Ta vastas naise palvesoovile sõnadega: „Sellesama sõna pärast mine! Kuri vaim on sinu tütrest ära läinud!" (29. salm). Meil on Jumalat otsides ja palvetades vaja niisugust alandlikkust.

5) Külvake usus

Usus külvamine on samuti osa õigusest, mida Jumal kiidab. Kui te tahate rikastuda, külvake külvi ja lõikuse seaduse järgi. See on kõige kohaldatavam kümnise ja tänuohvrite toomise puhul. Isegi loodusseadusi vaadeldes võib näha, et me lõikame külvatut. Kui külvata vilja, siis ka lõigatakse vilja ja kui külvata ube, siis ka lõigatakse ube. Kui külvata vähe, siis on ka lõikus vähene ja kui külvata palju, on ka lõikus suur. Kui külvata viljakasse pinnasesse, saadakse lõikuseks head vilja ja mida rohkem oksi lõigata ja hooldada, seda valitum on vili, mida saagiks saadakse.

Jumalale toodud ohvriandi kasutatakse kadunud hingede pääsemisele toomiseks, koguduste rajamiseks ja misjonitöö toetamiseks ning puudustkannatajate aitamiseks. Sellepärast võime me ohvriandide kaudu väljendada oma armastust Jumala vastu. Ohvriande kasutatakse jumalariigi ja selle õiguse teostamiseks, seega Jumal võtab need ohvriannid rõõmuga vastu ja õnnistab meid, kolmekümne-, kuuekümne- või sajakordselt vastu andes. Millest on Looja Jumalal puudust, et Ta käsib meil Talle ohvriande tuua? Ta annab meile võimaluse lõigata seda, mida me külvasime ja õnnistusi vastu saada!

Nii nagu kirjutatakse 2. Korintlastele 9:6-7: „Aga see on nii: kes kasinasti külvab, see ka lõikab kasinasti, ja kes rohkesti külvab, see ka lõikab rohkesti. Igaüks andku nii, nagu ta süda on lubanud, mitte nördinult või sunnitult, sest Jumal armastab rõõmsat andjat."

6) Usaldage Jumalat alati ja toetuge Tema peale

Taavet küsis alati Jumalalt nõu ja seepärast juhatas Jumal Taavetit tema teerajal ja aitas tal mitmesuguseid raskusi vältida. Taavet küsis peaaegu alati Jumalalt konkreetselt: „Kas ma pean seda või teist tegema?" ja tegi Jumala juhatuse kohaselt (viide: 1. Saamueli 23. peatükk). Sellepärast suutis ta nii palju lahinguid võita. Sellepärast armastab Jumal rohkem neid lapsi, kes usaldavad Teda alati ja küsivad Temalt juhatust. Aga kui me kutsume Jumalat „Isaks", aga usaldame ikka maailma või oma teadmisi rohkem kui Teda, ei saa Jumal meid aidata.

Mida rohkem me oleme tõe sees, seda rohkem me saame Jumalalt nõu küsida ja seda rohkem saab Isand meid soovitada. Ükskõik mida me ka ei teeks, me peaksime lihvima Jumala esiteks otsimise tarkust ja siis ootama, et Temalt vastust ja juhatust saada.

7) Kuuletuge Jumala Sõnale

Kuna Jumal käskis meil „hingamispäeva pühitseda", peaksime me kogudusse minema, kaasusklikega osaduses olema ja seda päeva pühalt veetma. Ja kuna Ta käskis meil „alati rõõmustada ja kõige eest tänada", tuleks meil rõõmustada ja tänulik olla, hoolimata sellest, mis meie elus ka ei juhtuks. Tema käsuseadusi niimoodi oma südames pidavad ja kuuletuvad inimesed saavad õnnistuseks alati Jumala ligiolus olla.

Kuulekuse kaudu koges Jeesuse jünger Peetrus midagi erakordset. Selleks, et templimaksu maksta, andis Jeesus Peetrusele käsu: „Mine järvele, heida õng sisse ja võta esimene kala, mis üles tuleb! Ja kui sa tema suu avad, leiad sa hõbeseekli. Võta see ning anna neile minu ja enese eest!" (Matteuse 17:27). Kui Peetrus oleks keeldunud Jeesuse sõnu uskumast ja ei oleks merele kala püüdma läinud, ei oleks ta ka kogenud niisugust imelist juhtumit. Aga Peetrus kuulas sõna ja heitis õnge sisse ning sai kogeda Jumala aukartust äratavat väge.

Kõik Piiblisse kirja pandud usu teod on üsna samamoodi. Kui Jumal tegutseb, siis Ta tegutseb igaühe usumõõdu järgi. Ta ei lükka kedagi, kellel on väike usumõõt, nende võimekusest kaugemale minema. Ta annab sellele inimesele esiteks võimaluse kogeda Tema väge mingiks väikeseks asjas kuuletumiseks ja siis annab Ta inimesele seekaudu veidi rohkem vaimset usku juurde. Seega järgmisel korral suudab see inimene Talle mingis suuremas asjas kuuletuda.

Lööge oma kired ja soovid risti

Siiani oleme me uurinud asju, mida meil tuleb teha, et meid tunnustataks, kiidetaks ja peetaks õigeks Jumala silmis. Lisaks, kui me lööme oma lihalikud kired ja soovid risti, peab Jumal seda õiguseks ja kiidab meid. Aga miks tuleks kirgesid ja soove pattudeks pidada? Galaatlastele 5:24 kirjutatakse: „Jeesuse Kristuse omad on lihaliku loomuse risti löönud koos kirgede ja himudega." Seal öeldakse, et me peaksime need asjad julgelt ära lõikama.

„Kirg" tähistab inimsüdame andmist ja vastuvõttu. See on lähedus, mida te tunnete kellegi vastu, kui te õpite teda tundma ja loote temaga suhte. See ei kehti vaid kahe teineteisega kurameeriva inimese kohta, vaid ka perekonna, sõprade ja naabrite kohta. Aga nende „kirgede" tõttu muutume me lihtsalt erapoolikks ja kitsarinnaliseks. Näiteks, paljud inimesed ei ole nii andestavad, kui nende ligimene teeb väikese vea, aga kui nende lapsed teevad samasuguse vea, on nad palju andestavamad ja arusaavamad. Aga niisugused lihalikud kired ei aita riiki, perekonda ega inimest kindlana õiguse juures püsida.

„Soovidega" on samamoodi. Isegi Taavet, keda Jumal nii armastas, lõpetas Batsebaga abielurikkumise varjamiseks tema süütut abikaasat tappes tõsist pattu tehes. Niimoodi sünnitavad lihalikud kired ja soovid patu ja patt viib surma teele. Kui pattu tehakse, makstakse patusele kindlasti selle eest kätte.

Joosua 7. peatükis näeme me traagilist sündmust, mis juhtus ühe inimese lihaliku soovi tõttu. Pärast Egiptuse väljarännet läksid iisraellased Jordani jõest üle ja võitsid Jeeriko linna suure triumfiga. Pärast seda said nad aga lüüa Ai linna vastases lahingus. Kui iisraellased uurisid lüüasaamise põhjust, avastasid nad, et Aakani nimeline mees oli ahne ja peitis Jeeriko linnast saadud vara seast kuue ja veidike kulda ning hõbedat ära. Jumal andis iisraellastele käsu mitte midagi Jeeriko sõjasaagist oma isiklikuks kasuks võtta, kuid Aakan ei kuuletunud sellele.

Aakani patu tõttu pidid paljud iisraellased kannatama ja lõpuks löödi Aakan ja ta lapsed kividega surnuks. Täpselt nii nagu väheke haputaignat teeb kogu taigna hapuks, tõi üks inimene – Aakan, kogu Iisraeli kogudusele kaotuse. Sellepärast tegeles Jumal temaga nii karmilt. Me võime esialgu mõtelda: „Kuidas võis Jumal lasta kedagi tappa lihtsalt ühe kuue ja mõne kuld- ja hõberaha tõttu?" Aga see sündis õigusega.

Kui põllumees näeb pärast külvi maapinnas mõnd umbrohtu ja mõtleb: „Ah, neid on vaid paar tükki siin..." ja jätab need siis tähelepanuta, siis umbrohi kasvab kiiresti ja levib ning lämmatab viljasaagi. Siis ei saa põllumees head viljasaaki. Kired ja soovid on nagu umbrohi ja seega nad saavad takistuseks taevateel ja Jumalalt palvevastuste saamisel. Need on valulikud ja tühised takistused, mis ei teeni head eesmärki. Sellepärast käskis Jumal meil „need asjad risti lüüa".

Teisalt, lõunapoolse Juuda kuningriigi kolmas kuningas Aasa lõikas rangelt oma kired ja soovid ära ja oli seega Jumalale meeltmööda (1. Kuningate 15. peatükk). Aasa tegi oma esivanema Taaveti moodi seda, mis oli Jumala arvates õige ja vabastas oma kuningriigi kõigist ebajumalatest. Kui ta ema Maaka lasi valmistada Aasera kuju, läks Aasa nii kaugele, et ta eemaldas Maaka endise kuninga lese positsioonilt. Siis lasi Aasa kuju maha võtta ja Kidroni jões ära põletada.

Teie arvates võis Aasa tegutseda liiga äärmuslikult oma ema kuninga lese positsioonilt eemaldades lihtsalt seetõttu, kuna ta kummardas ebajumalat ja te võite isegi mõtelda, et Aasa ei olnud hea poeg. Aga Aasa reageeris niimoodi, sest ta palus emal mitu korda ebajumalate kummardamine lõpetada. Kuid ema ei kuulanud teda. Kui seda olukorda vaimusilmade läbi vaadelda, siis Maaka positsiooni arvesse võttes oli tema ebajumalakummardamine otsekui kogu rahva ebajumalakummardamine. See oleks lõpuks kogu rahva üle Jumala viha tuua võinud. Sellepärast kiitis Jumal Aasa tegu, et ta lõikas oma ema lihaliku kire ära. Jumal tunnistas selle õigeks teoks, et takistada paljude inimeste Jumala vastase patu tegemist.

Aga see ei tähenda, et Aasa oleks oma ema maha salanud. Ta eemaldas ema lihtsalt endise kuninga lese positsioonilt. Pojana ta jätkas ema armastamist, austamist ja teenimist. Samamoodi, kui kellelgi võivad olla vanemad, kes kummardavad valejumalaid või ebajumalaid, peaks see inimene tegeme kõikvõimaliku, et puudutada nende südant, tehes kõik, mida laps teha võib. Aeg-ajalt peaks ta Jumalalt tarkust nõutades nendele evangeeliumi jagama ja julgustama neid ebajumalatest vabanema. Siis on Jumalal hea meel.

Usuisad, kes olid Jumala arvates õiged

Jumal kiidab täielikku kuulekust. Ta demonstreerib ka oma väge neile, kes tegutsevad täie kuulekusega. Jumal tunnustab niisugust kuulekust, mis kuuletub ka siis, kui see näib võimatu olevat. 2. Kuningate 5. peatükis näeme me Aarami kuninga väepealiku Naamani kohta kirjutatut.

Kindral Naaman läks pidalitõvest tervenemise lootusega naabruses asuvale maale prohvet Eliisale külla. Ta võttis kaasa palju kingitusi, isegi kirja kuningalt! Aga kui ta kohale jõudus,

Eliisa isegi ei tervitanud teda. Selle asemel saatis Eliisa oma sõnumitooja, kes ütles talle, et ta läheks ja peseks end seitse korda Jordani jões. Naaman tundis end solvatuna ja oli valmis kannapööret tegema ja koju minema. Kuid oma sulase veenmise tõttu Naaman loobus oma uhkusest ja kuuletus. Ta pesi oma ihu Jordani jões seitse korda. Vaid kuningas Aaramist tähtsuselt teisel kohal olnud mehel pidi olema äärmiselt raske oma uhkusest loobuda ja niimoodi kuuletuda pärast seda, kuidas Eliisa teda kohtles.

Kuid Eliisa tegi seda, mis ta tegi, kuna ta teadis, et Jumal tervendas Naamani pärast seda, kui ta oma usku kuuletudes näitas. Jumal, kes tunneb ohvrite asemel rõõmu meie kuulekusest, rõõmustas Naamani usuteo üle ja tegi ta pidalitõvest täiesti terveks. Jumal peab kuulekust väga väärtuslikuks ja tunneb suurt rõõmu inimestest, kes tegutsevad õieti.

Jumalal on ka väga hea meel omakasu mitte taotlevate ja maailmaga mitte kompromissile minevate inimeste usust. 1. Moosese 23. peatükis, kui Aabraham tahtis Saarat Makpela hauda matta, üritas maaomanik maa Aabrahamile tasuta anda. Aga Aabraham ei võtnud seda vastu. Aabrahamil ei olnud niisugust südant, mis oleks omakasu taotlenud. Sellepärast tahtis ta maa eest enne selle oma valdusse võtmist täpset maahinda maksta.

Ja kui Soodom sai sõjas lüüa ja Aabrahami vennapoeg Lott võeti vangi, ei päästnud Aabraham ainult oma vennapoega, vaid ka teisi, kes olid Soodomast ja ta tõi ka nende vara tagasi. Kui Soodoma kuningas püüdis Aabrahamile tasuda tänutäheks kogu tehtu eest, ta keeldus. Ta ei võtnud midagi vastu. Kuna ta süda oli õige, ei olnud temas ahnust ega soovi võtta midagi, mis talle ei kuulunud.

Taanieli 6. peatükis me näeme, et Taaniel teadis väga hästi, et kui ta palub Jumalalt, siis ta tapetakse nende tõttu, kes olid ta vastu salaplaani teinud. Kuid sellest hoolimata pidas ta oma õigusest kinni Jumala ees ja ei lakanud palvetamast. Ta ei läinud hetkekski kompromissile, et oma elu päästa. Selle teo tõttu visati ta lõukoerte auku. Kuid ta ei saanud viga ja oli täiesti kaitstud. Ta tunnistas elavast Jumalast ja austas Teda.

Joosep ei kurtnud ega tundnud kellegi vastu halvakspanu ka siis, kui teda süüdistati vääralt ja pandi põhjuseta vangi (1. Moosese 39. peatükk). Ta hoidis end puhtana, ei läinud väärusega kompromissile ja järgis ainult õiguse teed. Seega, Jumala ajal ja viisil vabastati ta vangist ja ta tõusis Egiptuse peaministri auastmele.

Seetõttu, meil tuleb teenida Jumalat ja me peame saame Jumala silmis õigeks, tehes seda, mida meilt nõutakse. Me peame ka Jumalale meelepärased olema, tehes asju, mille eest Isand meid kiidab. Kui me seda teeme, tõstab Jumal meid, vastab meie südamesoovidele ja juhib meid edukalt elama.

Sõnastik

„Aabrami" ja „Aabrahami" erinevus

„Aabram" on usuisa Aabrahami algne nimi (1. Moosese 11:26).

„Aabraham", mis tähendab „paljude rahvaste isa" on nimi, mille Jumal andis Aabramile, et sõlmida temaga õnnistuse leping (1. Moosese 17:5). Selle lepingu alusel sai ta usuisana õnnistuse allikaks. Ja teda kutsuti „Jumala sõbraks".

Tihedaks vajutatud, raputatud, kuhjaga mõõduga õnnistused ja kolmekümne-, kuuekümne- ja sajakordsed õnnistused

Me saame Jumalalt õnnistusi, vastavalt sellele määrale, kuivõrd palju me usaldame Teda ja rakendame Tema Sõna oma ellu. Isegi kui me ei ole oma südames veel kogu patuloomusest vabanenud, kui me külvame ja otsime Jumalat usus, siis antakse meile tihedaks vajutatud, raputatud, kuhjaga mõõduga õnnistused, mis on enam kui topelt meie poolt külvatust (Luuka 6:38). Aga kui me jõuame pühitsusele ja saame vaimseks, pattude vastu verevalamiseni võideldes, neist täielikult lahti saades, võime me lõikuseks saada enam kui kolmekümnekordseid õnnistusi. Ja kui me liigume kaugemale ja saame omale tervikliku vaimu, võime me lõikuseks saada kuuekümne- või isegi sajakordseid õnnistusi.

10. peatükk

Õnnistus

„Ja Isand ütles Aabramile: Mine omalt maalt, omast sugukonnast ja isakojast maale, mille ma sulle näitan! Ma teen sind suureks rahvaks ja õnnistan sind, ma teen su nime suureks, et sa oleksid õnnistuseks! Siis ma õnnistan neid, kes sind õnnistavad, panen vande alla selle, kes sind neab, ja sinu nimel õnnistavad endid kõik suguvõsad maa peal!" Ja Aabram läks, nagu Isand teda käskis, ja Lott läks koos temaga; Aabram oli seitsekümmend viis aastat vana, kui ta Haaranist lahkus."
(1. Moosese 12:1-4)

Jumal tahab inimesi õnnistada. Kuid on juhtumeid, millal Jumal valib kellegi, keda õnnistada ja on juhtumeid, millal inimene otsustab ise Jumala õnnistustesse astuda. Mõned inimesed otsustavad astuda Jumala õnnistustesse, kuid jätavad siis selle. Ja samas leidub ka neid, kellel ei ole õnnistustega midagi ühist. Vaatleme esiteks neid juhtumeid, kus Jumal valib kedagi, keda õnnistada.

Usuisa Aabraham

Jumal on esimene ja viimane, algus ja lõpp. Ta kavandas inimkonna ajaloo voolu ja Ta jätkab samas selle juhtimist. Ütleme näiteks, et me ehitame maja. Me esitame kavandi, arvestades ehituse kestust, milliseid materjale selleks kasutatakse, kui palju terast ja kui palju tsementi on vaja ja kui palju sambaid on vaja. Seega, kui me vaatleksime inimkonna ajalugu Jumala kojana, on mitmeid võtmeisikuid, kes on nagu „sambad" Jumala kojas.

Jumal valib oma ettehoolde teostamiseks teatud inimesed, kes ütlevad teistele, et Jumal on tõepoolest elav Jumal ja Taevas ja põrgu on tegelikult olemas. Sellepärast valib Jumal need inimesed, kes tegutsevad sammastena. Ja me näeme, et nad on tavalistest inimestest üsna erinevad, mis puutub nende südame kuju ja nende kirge Jumala järele. Aabraham on üks selline inimene.

Ta elas umbes neli tuhat aastat tagasi. Ta sündis Kaldea Uuris. Uur oli iidne Sumeri linn, mis asus Eufratese jõest allavoolu, selle läänerannikul, Mesopotaamia tsivilisatsiooni hällis.

Jumal armastas ja tunnustas Aabrahami nii palju, et teda kutsuti „Jumala sõbraks". Ta koges igasuguseid õnnistusi, kaasa arvatud järglaste, rikkuse, tervise ja pika eluea õnnistus. Sellele lisaks ütles Jumal 1. Moosese 18:17: „Kas peaksin varjama Aabrahami eest, mida tahan teha?" Jumal ilmutas Aabrahamile selgelt isegi tulevikusündmusi.

Jumal peab usku õiguseks ja annab oma õnnistused

Mida Jumal teie arvates nägi Aabrahamis, mis oli Talle nii meeltmööda, et Ta valas Aabrahami elu nii paljude õnnistustega üle? 1. Moosese 15:6 öeldakse: „Ja ta uskus Isandat ning see arvati temale õiguseks." Jumal pidas Aabrahami usku õiguseks.

Jumal käskis teda: „Ja Isand ütles Aabramile: „Mine omalt maalt,
omast sugukonnast ja isakojast maale, mille ma sulle näitan! Ma teen sind suureks rahvaks ja õnnistan sind, ma teen su nime suureks, et sa oleksid õnnistuseks!" (1. Moosese 12:1-2). Jumal ei öelnud talle täpselt, kuhu minna ega selgitanud ka, missugust maad ta peaks ootama. Jumal ei andnud talle üksikasjalikku plaani, kuidas ta peaks elama pärast oma kodulinnast lahkumist. Jumal lihtsalt käskis tal lahkuda.

Mis oleks juhtunud, kui Aabraham oleks lihalikult mõtelnud? Oli ilmselge, et kui ta oma isakodust lahkus, sai temast rändaja ja ringiuitaja. Tõenäoliselt võidi tema üle irvitada. Kui ta oleks neid asju arvesse võtnud, ei oleks ta suutnud kuuletuda. Aga Aabraham ei kahelnud kunagi Jumala õnnistuste lubaduses. Ta lihtsalt uskus Jumalat. Seetõttu ta kuuletus tingimusteta ja lahkus. Jumal teadis, missugune astjas Aabraham oli ja sellepärast Jumal lubas, et tema läbi moodustub suur rahvus. Jumal lubas ka, et ta saab õnnistuseks.

Jumal lubas Aabrahamile 1. Moosese 12:3 ka: „Siis ma õnnistan neid, kes sind õnnistavad, panen vande alla selle, kes sind neab, ja sinu nimel õnnistavad endid kõik suguvõsad maa peal!" Pärast seda, kui Jumal nägi, kui palju Aabraham loobus oma õigusest ja ohverdas oma vennapoja Loti eest, andis Jumal talle järjekordse õnnistussõna. 1. Moosese 13:14-16 öeldakse: „Ja Isand ütles Aabramile, pärast seda kui Lott tema juurest oli lahkunud: „Tõsta nüüd oma silmad üles ja vaata paigast, kus sa oled, põhja ja lõuna ja hommiku ja õhtu poole, sest kogu maa, mida sa näed, ma annan sinule ja su soole igaveseks ajaks! Ja ma teen su soo maapõrmu sarnaseks: kui keegi suudab maapõrmu ära lugeda, siis on sinugi sugu äraloetav." Jumal tõotas talle ka 1. Moosese 15:4-5: „...Ja vaata, temale tuli Isanda sõna, kes ütles: „Tema ei ole sinu pärija, vaid see, kes tuleb välja su oma ihust, on su pärija." Ja Ta viis tema õue ning ütles: „Vaata nüüd taeva poole ja loe tähti, kui sa suudad neid lugeda!" Ja Ta ütles temale: „Nõnda saab olema sinu sugu!"

Pärast Aabrahamile nende unenägude ja nägemuste andmist juhtis Ta Aabrahami katsumustesse. Miks me vajame katsumusi? Ütleme, et juhendaja või treener valis sportlase, kellel oli suur potentsiaal, mis oli piisavalt suur, et oma maad Olümpial esindada. Aga see sportlane ei saa automaatselt kuldmedali omanikuks. Sportlane peab arvukaid treeningusessioone taluma ja välja kannatama ja visalt pingutama, et oma unistust saavutada.

Aabrahamiga oli samamoodi. Ta pidi katsumuste läbimise teel saama omadused ja iseloomu, mida ta vajas Jumala tõotuse täideminekuks. Seega, Aabraham ütles vaid „Aamen" isegi neid katsumusi läbides ega läinud oma mõtetega kompromissile. Samuti, ta ei taotlenud omakasu ega andnud järele isekusele ega vihkamisele, halvakspanule, kurtmisele, kurbusele, armukadedusele ega kadedusele. Ta lihtsalt uskus Jumala õnnistusetõotust ja kuuletus sihikindlalt.

Siis andis Jumal talle veel ühe tõotuse. 1. Moosese 17:4-6 ütles Jumal Aabrahamile: „See olen mina! Vaata, mu leping sinuga on, et sina saad paljude rahvaste isaks. Sinu nime ei hüüta siis enam Aabramiks, vaid su nimi olgu Aabraham, sest ma teen sind paljude rahvaste isaks!"

Jumal teeb katsumuste kaudu kvaliteetsed astjad

Mõned inimesed, kes paluvad Jumalat oma ahnusest tulenevate unistuste tõttu. Nad võivad ahnuse tõttu paluda Jumalalt head tööd või rikkust, mis ei sobitu nende eluga. Kui me palume niimoodi isekusest, ei saa me Jumalalt vastust (Jakoobuse 4:3).

Seega me peame paluma unenägusid ja nägemusi, mis tulevad Jumalalt. Kui meil on usk Jumala Sõnasse ja me kuuletume, võtab Püha Vaim meie südame üle ja juhatab meid, seega me saame oma unistused teostada. Me ei saa isegi sekundijagu tulevikku ette näha. Aga kui me järgime kõike tulevikus toimuvat teadva Püha Vaimu juhatust, võime me Jumala väge kogeda. Kui me tõmbame oma lihalikud mõtted maha ja alistume Kristusele, võtab Püha Vaim üle ja juhatab meid.

Kui Jumal annab meile unenäo, tuleb meil seda südames talletada. Me ei tohiks kurta lihtsalt seetõttu, et see unenägu ei sünni päeva, kuu ega aastapikkuse palve tulemusel. Jumal, kes annab meile unenägusid ja nägemusi, juhib meid vahel katsumustest läbi, et teha meist astjad, mis on nende unenägude ja nägemuste teostumise väärilised. Kui me saame inimesteks, kes teavad, kuidas nende katsumuste ajal Jumalale kuulekas olla, saavad me palved vastuse. Aga kuna Jumala ja inimese mõtted erinevad, tuleb meil aru saada, et kuniks me suudame oma lihalikud mõtted lammutada ja usus kuuletuda, järgnevad katsumused. Seetõttu tuleb meil meeles pidada, et katsumused tulevad meie ellu, et me võiksime Jumalalt vastused saada ja selle asemel, et neid vältida, tuleks meil need tänuga vastu võtta.

Jumal valmistab väljapääsu isegi katsumuste ajal

Kui me oleme kuulekad, pöörab Jumal kõik meie kasuks. Ta annab meile alati katsumustest väljapääsutee. 1. Moosese 12. peatükis näete te, et pärast Kaananimaale minekut oli seal suur näljahäda, seega Aabraham läks Egiptusesse.

Kuna tema naine Saara oli nii ilus, kartis Aabraham, et keegi Egiptuses oleks võinud Saarat ihaldada ja tema saamiseks Aabrahami ära tappa. Sel ajal oli see üsna võimalik ja seetõttu Aabraham tutvustas Saarat oma õena. Teoreetiliselt oli Saara tema poolõde, seega see polnud vale. Aga sel ajal ei olnud Aabrahami usk täiesti arenenud sellesse punkti, kus ta küsis Jumala arvamust peaaegu kõige kohta. Seega, sel korral toetus ta oma lihalikele mõtetele.

Saara oli nii ilus, et Egiptuse vaarao lasi ta oma paleesse tuua. Aabraham mõtles, et kui ta ütles inimestele, et ta naine oli ta õde, oli see antud olukorras parim lahendus, kuid selle tulemusel kaotas ta oma naise. Selle juhtumi kaudu sai Aabraham suure õppetunni ja sellest hetkest peale õppis ta kõike Jumala kätte andma.

Selle tulemusel lasi Jumal vaaraot ja ta koda Saara tõttu suurtel nuhtlustel tabada ja vaarao tagastas Saara otsekohe Aabrahamile. Kuna Aabraham toetus oma lihalikele mõtetele, läbis ta ajutise raskuse, kuid lõpuks ta ei saanud viga ja sai suurt materiaalset kasu, kaasa arvatud lambaid, karja, teenreid ja eesleid. Nii nagu kirjutatakse Roomlastele 8:28: „Ent me teame, et neile, kes Jumalat armastavad, laseb Jumal kõik tulla heaks - neile, kes on Tema kavatsuse kohaselt

kutsutud", Jumal valmistab Talle kuulekate inimeste jaoks katsumustest väljapääsutee ja jääb nendega katsumuste ajal. Nad võivad hetkelist raskust kogeda, ent lõpuks läbivad nad need usu läbi ja saavad õnnistatud.

Ütleme, et keegi tuleb oma igapäevasest palgast elades ots-otsaga toime. Kui ta peab hingamispäeva, ei pea ta perekond ainsatki päeva näljas elama. Selles olukorra kuuletub usuinimene Jumala käsule ja peab hingamispäeva ka siis, kui see tähendab näljas olekut. Aga kas see inimene ja tema perekond kannatavad siis nälga? Kindlasti mitte! Täpselt nii nagu Jumal saatis iisraellaste toitmiseks mannat, toidab ja riietab Jumal ka kuulekaid inimesi.

Sellepärast ütles Jeesus Matteuse 6:25: „Ärge muretsege oma hinge pärast, mida süüa, ega oma ihu pärast, millega riietuda! Eks hing ole enam kui toidus ja ihu enam kui rõivas?" Taeva linnud ei külva ega lõika ja nad ei pane toidust tallele. Põllu lilled ei tee rasket tööd ega ketra. Kuid Jumal toidab ja riietab neid. Seega, kas Jumal ei kanna hoolt oma lastee eest, kes kuuletuvad Talle ja otsivad Ta tahet, et nad ei sattuks raskustesse?

Jumal õnnistab isegi katsumuste ajal

Kui me vaatleme neid inimesi, kes tegutsesid Jumala Sõna alusel ja püsisid õigel rajal, võime me näha, et isegi keset katsumusi pöörab Jumal lõpuks kõik heaks. Isegi kui praegused olud nende ees näivad rasked ja vaevarikkad, siis lõpuks muutuvad need olud tegelikult õnnistuseks.

Kui lõunapoolne Juuda kuningriik hävis, võeti Taanieli kolm sõpra vangi ja viidi Paabelisse. Isegi kui neid ähvardati tulisesse ahju viskamisega, ei kummardunud nad ebajumala ette ega läinud maailmaga mingile kompromissile. Kuna nad uskusid Jumala väge, uskusid nad, et isegi kui nad visatakse tulisesse ahju, suudab Jumal nad päästa. Ja isegi kui nad ei pääsenud, otsustasid nad kindlalt usus püsida ja ei kummardunud ebajumalaid. Nad demonstreerisid niisugust usku. Nende jaoks oli Jumala käsuseadus palju olulisem, kui nende maa seadus.

Kuningas kuulis nende noormeeste sõnakuulmatusest ja oli maruvihane ja lasi tulise ahju tavalisest seitse korda kuumemaks kütta. Taanieli kolm sõpra seoti kinni ja visati ahju. Kuid kuna Jumal kaitses neid, ei kõrbenud ükski nende juuksekarv ja nende küljes ei olnud mingit kõrbelõhnagi (Taanieli 3:13-27).

Taaniel oli samasugune. Isegi kui oli väljastati keeld, et kui keegi palvetab mingi inimese või jumala poole, peale kuninga, tuleb ta lõukoerte auku visata, kuuletus Taaniel ainult Jumala tahtele. Ta ei teinud pattu ega lakanud palvetamast ja järgis oma igapäevast kommet ning jätkas kolm korda päevas Jeruusalemma suunas vaadates palvetamist. Lõpuks visati Taaniel lõukoerte auku, kuid Jumal saatis oma inglid ja need sulgesid lõukoerte suud, misläbi Taaniel ei saanud mingit viga.

Kuivõrd ilus on näha kedagi, kes ei lähe oma usu juurde jäädes maailmaga kompromissile! Õige elab ainult usust. Kui te olete oma usuga Jumalale meelepärane, vastab Ta õnnistustega. Isegi kui teid surutakse otsekui surmasuhu, kui te kuuletute ja demonstreerite oma usku viimse lõpuni, valmistab Jumal teile väljapääsutee ja on alati teiega.

Aabrahami õnnistati ka keset katsumusi. Sellele lisaks õnnistati ka temaga koos olnud inimesi. Tänapäeval on vesi väga kallis Lähis-Ida piirkonnas, kus asub Iisrael. See oli väga hinnaline ka Aabrahami eluajal. Aga kuhu iganes Aabraham ka ei läinud, polnud seal mitte üksnes rikkalikult vett, vaid kuna ta oli õnnistatud, jagas ka ta vennapoeg Lott tema õnnistusi ja temalgi oli palju lamba- ja kitsekarju ja kariloomi ning hõbedat ja kulda.

Neil päevil tähendas kari rikkalikku toidust ja suurt rikkust. Kui Aabrahami vennapoeg Lott võeti vangi, võttis Aabraham 318 välja õpetatud sulast ja läks teda päästma. See juba näitab, kui rikas ta oli. Jumala Sõnale usinalt kuuletunud Aabrahami tõttu õnnistati maad ja piirkonda, kus ta elas ja temaga olnud inimesed olid samuti õnnistatud.

Isegi naaberriikide kuningad ei saanud Aabrahamile midagi teha, sest ta oli nii suures aus. Aabraham sai kõikvõimalikud õnnistused oma eluajal: kuulsust ja rikkust, võimu, tervist ja lapsi. Nii nagu kirjutatakse 5. Moosese 28. peatükis, oli Aabraham niisugune inimene, keda õnnistati tulles ja minnes. Samuti sai temast tõelise jumalalapsena õnnistuste juur ja usuisa. Sellele lisaks sai ta aru Jumala südame sügavusest, nii et Jumal sai Aabrahamiga isegi oma südant jagada ja kutsus teda oma „sõbraks". See oli väga auline ja õnnis!

Aabrahami astja iseloom

Aabraham oli nii õnnistatud, sest tal oli hea „astja iseloom". Ta oli inimene, kellel oli selline armastus, mida kirjeldatakse 1. Korintlastele 13. peatükis ja ta kandis üheksat Püha Vaimu vilja, nii nagu kirjeldatakse Galaatlastele 5. peatükis.

Näiteks, Aabraham tegutses kõiges headuse ja armastusega. Ta ei vihanud kunagi kedagi ega olnud teistega vaenujalal. Ta ei osutanud kunagi teise inimese nõrkusele ja teenis kõiki inimesi. Kuna tal oli rõõmu vili, siis ei olnud ta kunagi kurb ega vihane, hoolimata sellest, mis temaga ka ei juhtunud. Kuna ta usaldas Jumalat täiesti, võis ta alati rõõmus olla. Ta ei reageerinud kunagi mingis olukorras oma tunnetest lähtuvalt ega langetanud otsuseid erapoolikult. Ta oli kannatlik ja kuulas alati Jumala häält.

Aabraham oli ka halastav inimene. Kui ta pidi oma

vennapojast Lotist lahkuma, siis andis ta Lotile esimesena valikuvõimaluse, kuigi ta oli temast vanem, nii et Lott sai valida omale maa, mida ta saada soovis. Ta ütles: „Kui sa lähed vasakule, lähen mina paremale. Kui sa lähed paremale, lähen ma vasakule" ja lasi Lotil parema maa valida. Enamik inimesi arvaks, et kõrgemal positsioonil või tasemel asuv inimene peaks parema valiku õiguse saama. Kuid Aabraham oli niisugune inimene, kes suutis teistele alistuda ja end teiste eest ohverdada.

Samuti, kuna Aabraham oli kasvatanud omale vaimselt hea südame, kui Lotti ähvardas häving koos Soodoma maaga, palvetas Aabraham nende eest (1. Moosese 18:22-32). Selle tulemusel sai ta Jumalalt lubaduse, et Ta ei hävita seda linna, kui seal leidub vaid kümme õiget inimest. Kuid Soodomas ja Komorras ei olnud isegi kümmet õiget inimest ja see hävis. Kuid isegi siis päästis Jumal Loti Aabrahami tõttu.

Nii nagu kirjutatakse 1. Moosese 19:29: „Kui Jumal oli segi paisanud ümbruskonna linnad, mõtles Jumal Aabrahamile ja saatis Loti ära selle hävituse keskelt, millega Ta segi paiskas need linnad, kus Lott oli elanud", päästis Jumal Aabrahami armsa vennapoja Loti, et Aabraham ei tunneks oma südames kurbust.

Aabraham oli Jumalale ustav ja valmis ohvriks tooma oma ainsat poega Iisakit, kelle ta oli saja aastaselt saanud. Hoolimata sellest, kas ta õpetas oma poega või oli tegu tema suhetega sulaste ja naabritega, ta oli nii täiuslik ja ustav kogu Jumala koja üle, et teda oleks isegi võidud veatuks pidada. Ta ei asunud kunagi kellegagi rutakalt vastasseisu, ta oli alati rahulik ja tasane. Ta teenis ja aitas teisi väga kauni südamega. Ja ta valitses end alati, nii et ta ei käitunud milleski, mida ta tegi, mitte kunagi sündsusetult ega ületanud piire.

Sedamoodi kandis Aabraham täielikult Püha Vaimu üheksat vilja ja tal ei olnud kunagi ühestki viljast puudust. Tal oli ka hea süda. Lõppude lõpuks, ta oli väga hea astjas. Ometi, Aabrahami taoliseks õnnistatud inimeseks ei ole üldse raske saada. Me peame lihtsalt teda jäljendama. Kuna Kõigeväeline Looja Jumal on meie Isa, miks Ta ei peaks oma laste palvetele ja palumistele vastama?

Aabrahami taoliseks saamise protsess ei tohiks üldse raske olla. Ainus raskus seisneb selles, kui meie oma mõtted saavad võimust. Kui me usaldame Jumalat täielikult ja toetume Temale ja kuuletume Talle, siis kannab Aabrahami Jumal meie eest hoolt ja juhib meid õnnistuse teele!

Sõnastik ja mõistete selgitus

Õige inimese Noa sõnakuulelikkus ja õnnistused

„See on jutustus Noa soost: Noa oli üks õige mees, täiesti vaga oma rahvapõlve seas; Noa kõndis koos Jumalaga. Ja Noale sündis kolm poega - Seem, Haam ja Jaafet" (1. Moosese 6:9-10).

Esimene inimene Aadam veetis Eedeni aias väga kaua aega. Kuid pärast patustamist aeti ta Eedeni aiast välja ja hiljem hakkas ta maa peal elama. Umbes 1000 aastat hiljem sündis Noa jumalakartliku mehe Seti järeltulijana. Noa oli Eenoki järglane ja õppis oma isa Laameki ja vanaisa Metuusala õpetusi tundma ja kasvas keset patust maailma tõeinimesena üles. Kuna ta tahtis Jumalale anda kõike, mis tal oli, hoidis ta oma südame puhta ja ei abiellunud, kuni ta avastas, et Jumalal oli ta elu jaoks spetsiaalne plaan. Seega, viiesaja aasta vanuselt Noa abiellus ja rajas perekonna (1. Moosese 5:32).

Noa teadis uputuse kohtu kohta ja seda, et inimese kasvatamine algab temast uuesti. Seega ta pühendas oma elu Jumala tahtele kuuletudes. Sellepärast valis Jumal Noa, kes oli õige inimene ja kes kuuletus Jumalale laeva ehitades kogu südamest ja ei lasknud oma mõtetel, arutlustel ega vabandustel võimust võtta.

Noa laeva vaimne sümboolne tähendus

„Tee enesele laev goferipuust; laev tee kambritega ja pigita seda seest ning väljast maapigiga! Ja tee see nõndaviisi: laeva pikkus olgu kolmsada küünart, laius viiskümmend küünart ja kõrgus kolmkümmend küünart; valmista see küünramõõdu järgi; tee laevale katus peale ja tee uks laeva küljesse; tee sellele alumine, keskmine ja
ülemine lagi!" (1. Moosese 6:14-16).

Noa laev oli massiivne ehitis: 138 meetri pikkune, 23 meetri laiune ja 14 meetri kõrgune ja see ehitati umbes 4500 aasta eest. Eedeni aia inimeste mõju tulemusel olid Noal erakordsed teadmised ja oskused, kuid kuna ta ehitas laeva Jumalalt saadud kavandi kohaselt, suutis Noa oma kaheksaliikmelise perega ja kõigi eritüüpi loomadega neljakümne päevase uputuse üle elada, laevas üle aasta elades.

Noa laev on Jumala Sõna vaimne sümbol ja laeva minek sümboliseerib pääsemist. Ja laeva kolm korrust tähistavad seda tõsiasja, et Kolmainu Jumal – Isa, Poeg ja Püha Vaim – teevad inimese kasvatamise ajaloo teoks.

Ararati mägi, kus laev maabus

Veeuputuse kohtukaristus, mis leidis aset Jumala õiguse raames

„Ja Isand ütles Noale: „Mine sina ja kogu su pere laeva, sest ma olen näinud, et sa selle rahvapõlve seas minu ees õige oled" (1. Moosese 7:1).

„Sest juba seitsme päeva pärast ma lasen vihma sadada maa peale nelikümmend päeva ja nelikümmend ööd, ja ma kaotan maapinnalt kõik olendid, keda ma olen teinud!"Ja Noa tegi kõik nõnda, nagu Isand teda käskis." (1. Moosese 7:4-5).

Jumal andis inimestele enne veeuputust palju meeleparanduse võimalusi. Kõigi laevaehituse aastate jooksul lasi Jumal Noal inimestele meeleparanduse sõnumit kuulutada, aga ainsateks inimesteks, kes Noad uskusid ja sõnakuulelikud olid, oli tema perekond. Laevaminek tähistab kogu maailmas nauditu seljataha jätmist ja selle minemaviskamist.

Isegi kui inimesed olid pöördumiseks liiga kaugele läinud, andis Jumal inimestele isegi meeleparanduseks ja kohtuotsuse vältimiseks seitsmepäevase hoiatuse. Ta ei tahtnud, et neid tabaks kohus. Jumal andis neile armastust ja halastust tulvil südamega võimaluse kuni viimase lõpuni. Kuid ükski inimene ei parandanud meelt ega läinud laeva. Tegelikult tegid nad veelgi enam pattu! Lõpuks tabas neid veeuputuse kohtukaristus.

Kohtu kohta

„… kohtu kohta, et selle maailma
vürst on süüdi mõistetud."
(Johannese 16:11)

„Tõuse, Isand, oma vihas, astu üles mu rõhujate raevu vastu ja ärka mulle abiks, kes oled kohtu seadnud! " (Laul 7:7)

„Aga kõige selle juures ütled sa ometi: „Ma olen süütu, Ta viha pöördub tõesti mu pealt." Vaata, ma lähen sinuga kohtusse, sellepärast et sa ütled: „Ma pole pattu teinud!" (Jeremija 2:35)

„Aga mina ütlen teile: Igaüks, kes oma venna peale vihastab, peab minema kohtu alla, kes aga oma vennale ütleb: „Tola!", peab minema ülemkohtu alla, kes aga ütleb: „Sina jäle!", peab minema tulepõrgusse." (Matteuse 5:22)

„...ning tulevad välja: need, kes on teinud head, elu ülestõusmiseks, aga need, kes on teinud halba, hukkamõistmise ülestõusmiseks." (Johannese 5:29)

„Ja otsekui inimestele on seatud üks kord surra, pärast seda on aga kohus" (Heebrealastele 9:27)

„Sest kohus on halastamatu selle suhtes, kes ise ei ole halastanud, kuid halastus kiidab end kohtust kõrgemaks." (Jakoobuse 2:13)

„Ja ma nägin surnuid, suuri ja pisikesi, seisvat trooni ees, ning raamatud avati. Teine raamat avati, see on eluraamat. Ja surnute üle mõisteti kohut sedamööda, kuidas raamatuisse oli kirjutatud, nende tegude järgi." (Johannese ilmutus 20:12)

11. peatükk

Jumalale sõnakuulmatuse patt

Aga Aadamale Ta ütles: „Et sa kuulasid oma naise sõna ja sõid puust, millest mina olin sind keelanud, öeldes, et sa ei tohi sellest süüa, siis olgu maapind neetud sinu üleastumise pärast! Vaevaga pead sa sellest sööma kogu eluaja! Ta peab sulle kasvatama kibuvitsu ja ohakaid, ja põllutaimed olgu sulle toiduks! Oma palge higis pead sa leiba sööma, kuni sa jälle mullaks saad, sest sellest sa oled võetud! Tõesti, sa oled põrm ja pead jälle põrmuks saama!"
(1. Moosese 3:17-19)

Paljud inimesed ütlevad, et elu on iseenesest raskuseks. Piiblis avaldatakse arvamust, et sellesse maailma sündimine ja siin elamine on valuline. Iiob 5:7 ütles Eliifas Iiobile, kes oli segaduses: „Vaid inimene ise sünnib vaevaks ja sädemed lendavad kõrgele." Inimene, kellel on vähe, teenib elatist raske vaevaga ja inimene, kellel on palju, näeb erineva eluprobleemi tõttu vaeva.

Ja pärast seda, kui inimene näeb vaeva teatud eesmärgi nimel ja näib, et ta on peaaegu et oma eesmärgile jõudnud, on juba elu videvikuaeg kätte jõudnud. Kui tema aeg kätte jõuab, kogeb isegi kõige tervem inimene mingil hetkel surma.

Mitte ükski inimene ei saa surma vältida, seega kui elu vaadata, siis on see nagu põgus udu või lennukas pilv. Miks siis inimeste elus on kõik need erinevat liiki katsumused selles elu „oravarattas"? Esimene ja algne põhjus on Jumalale mitte kuuletumise patt. Aadama, Sauli ja Kaini kaudu võime me üksikasjalikult näha Jumalale mitte kuuletumise patu tulemust.

Aadam, Jumala kuju järgi loodud inimene

Looja Jumal lõi esimese inimese Aadama oma kuju järgi ja hingas siis tema sõõrmetesse eluõhku ja Aadamast sai elusolend või elav vaim (1. Moosese 2:7). Jumal istutas Eedenist ida poole aia ja pani inimese sinna. Siis Ta ütles: „Kõigist aia puudest sa võid küll süüa, aga hea ja kurja tundmise puust sa ei tohi süüa, sest päeval, mil sa sellest sööd, pead sa surma surema!" (1. Moosese 2:16-17).

Ja Jumal nägi, et Aadamal ei olnud hea üksinda olla ja võttis ühe Aadama ribidest ja valmistas sellest Eeva. Jumal õnnistas neid ja käskis neil olla viljakad ja paljuneda. Ta lasi neil ka valitseda kalade üle meres, lindude üle taevas ja iga elusolendi üle, mis maa peal liigub (1. Moosese 1:28). Aadamal ja Eeval oli seda suurt Jumala õnnistust vastu võttes piisavalt süüa, palju järglasi ja nad elasid rikkalikku elu.

Alguses ei olnud Aadama mälus mitte mingit teavet, nii nagu vastsündinul. Ta oli täiesti tühi. Kuid Jumal käis Aadamaga ja õpetas talle palju asju, nii et ta sai kogu loodu isandana elada. Jumal õpetas Aadamale Tema kohta, universumi ja vaimsete seaduste kohta. Jumal õpetas Aadamale ka, kuidas vaimse inimesena elada. Ta õpetas talle hea ja kurja tundmist. Aadam kuuletus Jumala sõnadele palju aastaid ja elas Eedeni aias väga väga kaua aega.

Aadam sõi keelatud vilja

Ühel päeval juhtus õhuvalla valitseja vaenlane kurat ja saatan üles ässitama madu, mis on kõigi loomade seast kõige salakavalam ja kes kiusasid Eevat seekaudu. Saatana poolt kannustatud madu teadis, et Jumal oli keelanud inimesel Eedeni aia keskel kasvavast puust süüa. Kuid madu küsis, et Eevat kiusata: „Kas Jumal on tõesti öelnud, et te ei tohi süüa mitte ühestki rohuaia puust?" (1. Moosese 3:1)

Kuidas Eeva sellele küsimusele vastas? Ta ütles: „Me sööme küll rohuaia puude vilja, aga selle puu viljast, mis on keset aeda, on Jumal öelnud: Te ei tohi sellest süüa ega selle külge puutuda, et te ei sureks!" (1. Moosese 3:2-3). Jumal ütles spetsiaalselt: „päeval, mil sa sellest sööd, pead sa surma surema!" (1. Moosese 2:17). Miks Eeva muutis Jumala sõnu ja ütles „pead sa surma surema!"? (Ingl.k. et sa ei sureks tähistab „surmakartust". Need sõnad tähistavad absoluudi puudumist. „Surmakartus" ja „kindel surm" erinevad. See tõendab, et ta ei uuristanud Jumala sõnu oma südamesse. Eeva vastus tõendab, et tal ei olnud absoluutselt mingit usku tõsiasja, et nad „pidid surma surema".)

Salakaval madu kasutas selle võimaluse ära ja sööstis kohe kinnitama: „Te ei sure, kindlasti mitte, aga Jumal teab, et päeval, mil te sellest sööte, lähevad teie silmad lahti ja te saate Jumala sarnaseks,

tundes head ja kurja" (1. Moosese 3:4-5). Madu mitte üksnes ei valetanud, vaid ka õhutas Eevas üles ahnuse! Ja kuna madu ärgitas Eeva mõtetes ahnuse, hakkas hea ja kurja tundmise puu, mida Eeva isegi puudutada ega sellele läheneda kunagi ei kavatsenud, tegelikult hea ja maitsvana tunduma. See nägi tegelikult välja piisavalt hea, et targaks teha! Nii et lõpuks Eeva sõi keelatud vilja ja andis ka oma abikaasale seda süüa.

Aadama sõnakuulmatuse tagajärg

Niimoodi juhtus, et inimkonna esiisa Aadam lõpetas sellega, et ta ei kuuletunud Jumala käsule. Kuna Aadam ja Eeva ei uuristanud Jumala Sõna tegelikkuses oma südamesse, langesid nad vaenlase kuradi ja saatana kiusatuse küüsi ja ei kuuletunud Jumala käsule. Seega, Aadam ja Eeva „pidid surma surema" täpselt nii nagu Jumal oli eelnevalt öelnud.

Aga Piiblit lugedes me näeme, et nad ei surnud otsekohe. Tegelikult elasid nad palju aastaid veel ja neil oli palju lapsi. Kui Jumal ütles: „Te peate surma surema!", ei pidanud Ta lihtsalt silmas harilikku füüsilist surma, kui inimese hingamine lakkab. Ta pidas silmas põhiolemuslikku surma ehk vaimu surma. Algselt loodi inimene vaimuga, mis suutis Jumalaga suhelda, hingega, mida valitses vaim ja ihuga, mis oli vaimu ja hinge tempel (1. Tessaloonikalastele 5:23). Niisiis, kui inimene rikkus Jumala käsku, suri vaim, mis on inimese peremees.

Ja kuna inimvaim suri Jumalale sõnakuulmatuse patu tulemusel, katkes inimese ja Jumala vaheline suhtlus. Inimene ei saanud enam Eedeni aias edasi elada, kuna patune ei saa Jumala ligiolus Temaga koos eksisteerida. Siis algasid inimkonna raskused. Naise lastesünnitamise valu muutus palju tugevamaks, ta hakkas valu läbi lapsi ilmale tooma; ta ihaldas oma abikaasat ja tema valitses naise üle. Ja mees pidi kõik oma elupäevad vaeva nägema ja sööma tema tõttu neetud maapinnas kasvavat (Genesis 3:16-17). Aadama tõttu neeti kogu loodu, mis pidi temaga kannatama. Kõige tipuks, kõik Aadama järglased, kes sündisid tema pärilikkusliini pidi, sündisid patustena ja asusid surma teele.

Miks Jumal pani aeda hea ja kurja tundmise puu

Mõned võivad mõtelda: „Kas Kõikvõimas Jumal ei teadnud, et Aadam sööb keelatud vilja? Ja kui Ta seda teadis, miks Ta pani Eedeni aeda selle puu ja lasi Aadamal mitte kuuletuda? Kui keelatud vilja ei oleks olemas olnud, kas see poleks takistanud Aadamat pattu tegemast?" Aga kui Jumal ei oleks aeda keelatud vilja pannud, kas Aadam ja Eeva oleksid kogenud tänu, rõõmu, õnne ja armastust? Jumal ei pannud Eedeni aeda keelatud vilja mitte sellepärast, et panna meid surma tee peale. See oli Jumala ettehoole, mis õpetas meile suhtelisust.

Kuna kõik Eedeni aias oli tõe seest, ei saanud aias olevad inimesed aru, mis oli väärus. Kuna seal ei olnud kurjust, ei saanud inimesed aru, mis on tegelikult vihkamine, kannatamine, haigus või surm. Nii et suhtelisusest rääkides, seal olnud inimesed ei saanud aru, millist tõeliselt õnnelikku elu nad kogesid. Kuna nad ei kogenud kunagi õnnetust, ei teadnud nad, mis on tõeline õnn ja tõeline õnnetus. Sellepärast oli vaja hea ja kurja tundmise puud.

Jumal tahtis tõelisi lapsi, kes mõistaksid, mis on tõeline armastus ja õnn. Kui esimene inimene Aadam oleks Eedeni aias olles teadnud, mis on tõeline rõõm, siis kuidas ta oleks saanud Jumalale mitte kuuletuda? Sellepärast pani Jumal aeda hea ja kurja tundmise puu ja kasvatab siin maa peal inimest, et inimene võiks õppida tundma asjade suhtelisust. Selle kasvatusprotsessi kaudu kogeb inimene nii võite kui kaotust, head ja halba, kõike suhtelisuse kaudu. Ainult siis, kui inimene õpib selle protsessi kaudu tõde tundma, võib ta tõesti aru saada ja Jumalat kogu südamest armastada.

Patuneedusest vabanemise tee

Kui Aadam elas Eedeni aias, kuuletus ta Jumalale ja õppis Jumala käest headust tundma. Kuid pärast sõnakuumatust said ta järglastest vaenlase kuradi orjad ja nad määrdusid iga sugupõlve jooksul üha enam kurja tõttu. Mida rohkem aega möödus, seda kurjemaks nad muutusid. Nad ei sündinud üksnes vanematelt päritud patuga, vaid nende meelde jäi samuti kasvades ja nähtu ja kuuldu kaudu õppides enam pattu. Jumal teadis, et Aadam sööb keelatud vilja. Ta teadis, et kogu maailm saab täis pattu. Ta teadis ka, et inimene läheb surma teele. Sellepärast valmistas Ta enne aegade algust Päästja Jeesuse Kristuse. Kui jõudis kätte määratud aeg, saatis Ta Jeesuse maailma.

Jeesus jagas taevariigi evangeeliumi ja tegi imesid ja tunnustähti, et inimestele Jumala tahet õpetada. Siis läks Ta ristile ja valas oma püha vere, et tasuda kogu inimkonna patu eest. Seega, igaüks, kes võtab Jeesuse Kristuse vastu, saab Püha Vaimu anni. Päästetee avanes neile, kes vabanevad väärusest ja elavad tõe sees, Püha Vaimu juhatust järgides. Kui inimestes taastub Jumala kuju, mille nad kaotasid ja kui nad austavad Jumalat ja peavad Tema ettekirjutustest kinni, mis on inimese täielik kohus (Koguja 12:13), võivad nad kogeda kõiki õnnistusi, mis Jumal on nende jaoks valmistanud. Nad võivad kogeda mitte ainult rikkust ja tervist, vaid ka igavest elu igaveste õnnistustega.

Varem selgitatu kohaselt, kui me tuleme Valgusesse, võime me vabaneda patuneeduse küüsist. Meie süda on väga rahulik pärast meeleparandust ja patutunnistust, patust vabanemist ja otsust elada Jumala Sõna järgi! Kui me usume Jumala Sõna ja laseme enda eest palvetada, võime me näha, kuidas me vabaneme haigustest, raskustest, kannatustest ja viletsusest. Jumalal on hea meel oma lastest, kes võtavad vastu Jeesuse Kristuse ja elavad õiglaselt ja Ta vabastab nad igast needusest.

Sauli sõnakuulmatuse patu tulemus

Saul sai esimeseks kuningaks, sest iisraellased nõudsid omale kuningat. Ta oli Benjamini suguharust ja Iisraelis ei olnud teist temasarnast, kes oleks sama elegantne ja tasane olnud. Ja sel ajal, mil Sauli kuningaks võiti, oli ta väga alandlik inimene, kes pidas end teistest vähemtähtsamaks. Aga pärast seda, kui ta sai kuningaks, hakkas Saul vähehaaval Jumala käsule mitte kuuletuma. Ta tegi maha ülempreestri positsiooni ja tegutses rumalalt (1. Saamueli 13:8-13), tehes lõpuks sõnakuulmatuse pattu.

1. Saamueli 15. peatükis käskis Jumal Saulil amalekid täiesti

hävitada, kuid Saul ei kuulanud sõna. Jumal käskis tal amalekid hävitada põhjusel, millest kirjutatakse 2. Moosese 17. peatükis. Kui Iisraellased läksid Kaananimaa poole pärast Egiptusest väljatulekut, sõdisid amalekid iisraellaste vastu.

Sellepärast lubas Jumal Amaleki mälestuse taeva alt täiesti ära kustutada (2. Moosese 17:14) ja kuna Jumal ei kõhkle, plaanis Ta seda tõotust mitusada aastat hiljem, Sauli ajal teoks teha. Jumal käskis prohvet Saamueli kaudu: „Mine nüüd ja löö Amalekki ja kaota sootuks ära kõik, mis tal on, ja ära anna temale armu, vaid surma niihästi mehed kui naised, lapsed ja imikud, härjad ja lambad, kaamelid ja eeslid!" (3. salm).

Aga Saul ei kuuletunud Jumalale. Ta tõi kuningas Agagi vangina kaasa ja ta tõi veel kaasa parimad lambad, härjad, nuumloomad, lambatalled ja kõik, mis oli hea. Ta tahtis inimestele näidata, mida ta oli saagiks saanud, et nende kiitust pälvida. Saul tegi seda, mida tema oma arvates õigeks pidas, kuid ta oli Jumalale sõnakuulmatu. Prohvet Saamuel segitas seda niimoodi, et Saul sellest aru saaks, kuid Saul ei parandanud ikka meelt, vaid vabandas end selle asemel välja (1. Saamueli 15:17-21). Saul ütles, et ta tõi valitud lambad ja kariloomad kaasa, et inimesed võiksid neid Jumalale ohvriks tuua.

Mida Jumal teie arvates selle sõnakuulmatuse patu kohta kostis? 1. Saamueli 15:22-23 öeldakse: „Ons Isandal sama hea meel põletus- ja tapaohvreist kui Isanda hääle kuuldavõtmisest? Vaata, sõnakuulmine on parem kui tapaohver, tähelepanu parem kui jäärade rasv. Sest vastupanu on otsekui nõiduse patt, tõrksus ebajumalate ja teeravite teenistus." Sõnakuulmatuse patt on nagu nõiduse ja ebajumalateenistuse patud. Ettekuulutamine on nõidus, mis on tõsine patt ja Jumala kohtuotsusega karistatav ja ebajumalakummardamine on patt, mida Jumal peab jäledaks.

Lõpuks kutsus Saamuel Sauli korrale: „Et sa oled hüljanud Isanda sõna, siis hülgab Temagi sinu kui kuninga" (1. Saamueli 15:23). Kuid Saul ei paranda ikka siiralt meelt. Selle asemel palub ta inimeste silmis hea arvamuse säilitamiseks, et Saamuel austaks teda oma rahva ees (1. Saamueli 15:30). Mis on hirmsam ja kurvem, kui Jumala poolt hülgamine? Kuid see ei kehti vaid Sauli kohta. See kehtib ka meie kohta tänapäeval. Kui me ei kuuletu Jumala Sõnale, siis ei saa me patu tagajärgi vältida. See kehtib ka rahvaste ja perekondade kohta.

Näiteks, kui sulane ei kuuletu kuningale ja tegutseb omatahtsi, tuleb tal oma patu eest karistust kanda. Perekonnas, kui laps on vanematele sõnakuulmatu ja läheb eksiteele, on vanemad väga kurvad. Kuna sõnakuulmatus tekitab sellist rahukaotust, järgnevad sellele valu ja kannatused. Saul ei kaotanud Jumalale mittekuuletumise tõttu vaid oma au ja võimu, vaid teda piinasid ka kurjad vaimud ja lõpuks suri ta lahinguväljal ja ta lõpp oli armetu.

Kaini sõnakuulmatuse patu tulemus

1. Moosese 4. peatükis näeme me Aadama kahte poega – Kaini ja Aabelit. Kain oli põllumees ja Aabel lambakasvataja. Veidike hiljem tõi Kain Jumalale ohvriks oma põlluviljast ja Aabel ohverdas Jumalale oma karja esmasündinud ja nende rasva. Aabel ja tema ohver leidsid Jumala silmis armu, kuid Kaini ohver mitte.

Kui Aadam aeti Eedeni aiast välja, ütles Jumal talle, et tal tuli andestuseks ohvriks tuua looma verd (Heebrealastele 9:22). Aadam õpetas oma poegadele spetsiaalselt vereohvri toomise kohta ja Kain ja Aabel teadsid väga hästi, missugust ohvrit Jumal tahtis. Aabelil oli hea süda, seega ta oli kuulekas ja tegi täpselt nii, nagu talle õpetati ja ta ohverdas nii nagu Jumal tahtis. Kain aga, teisalt, tõi ohvri oma arvamuse kohaselt, nii nagu talle parem oli. Sellepärast võttis Jumal Aabeli ohvri vastu, kuid lükkas Kaini oma tagasi.

Sama kehtib meie kohta täna. Jumalal on hea meel meie ülistusest, kui me ülistame Teda kogu oma südamest, meelest ja eelkõige, vaimus ja tões. Aga kui me ülistame Teda omatahtsi ja elame kristlikku elu vaid omakasuks, siis ei ole meil Jumalaga midagi ühist.

1. Moosese 4:7 ütles Jumal Kainile: „Eks ole: kui sa head teed, siis on su pilk tõstetud üles? Aga kui sa head ei tee, siis luurab patt ukse ees ja himustab sind. Kuid sina pead tema üle valitsema!" Jumal püüdis Kainile asju selgitada, et ta ei teeks pattu. Kuid Kain ei suutnud patu üle valitseda ja tappis lõpuks oma venna.

Kui Kain oleks olnud heasüdamlik, oleks ta oma teelt pöördunud ja toonud vennaga ühiselt Jumalale meelepärase ohvri ning poleks mingit probleemi olnud. Aga kuna ta oli kuri, läks ta Jumala tahtele vastu. See tekitas armukadedust ja mõrva, mis on liha teod ja kohtuotsuse tõttu tabas teda needus. Lõpuks ütles Jumal Kainile: „Aga nüüd ole sa neetud siit maa pealt, mis oma suu on avanud, su venna verd sinu käest vastu võttes! Kui sa harid maad, siis see ei anna sulle enam oma rammu. Sa pead maa peal olema hulkur ja põgenik!" ja sestsaadik sai Kainist pidevalt põgenev inimene (1. Moosese 4:11-12).

Siiani õppisime me esimese inimese Aadama, kuningas Sauli ja Kaini elu varal, kuivõrd tõsine on Jumalale sõnakuulmatuse patt ja kuivõrd suured katsumused ja viletsus inimest selle tulemusel tabavad. Kui Jumala Sõna tundev usklik ei kuuletu, tähendab see, et ta ei kuuletu Jumalale. Kui usklikul ei ole igas eluvaldkonnas eduõnnistust, tähendab see, et ta teeb ühel või teisel viisil Jumala vastu mingit pattu.

Seega me peame hävitama Jumala ja meievahelise patumüüri. Jumal saatis Jeesuse Kristuse ja tõesõna sellesse maailma, et anda patu tõttu keset kannatusi elavale inimkonnale tõeline elu. Kui me ei ela selle tõesõna järgi, on tagajärjeks surm.

Meil tuleb elada kooskõlas Isanda õpetustega, mis viivad pääsemisele, igavesse ellu, toovad palvevastused ja õnnistused. Me ei või teha sõnakuulmatuse pattu ja peame end pidevalt vaatlema, kas me oleme pattu teinud, neist meelt parandama ja Sõnale kuuletuma, et me võiksime täielikult pääseda.

12. peatükk

„Ma kustutan inimese maa pealt"

„Kui Isand nägi, et inimese kurjus maa peal oli suur ja kõik ta südame mõtlemised iga päev üksnes kurjad, siis Isand kahetses, et Ta inimese oli teinud maa peale, ja Ta süda valutas. Ja Isand ütles: „Ma tahan inimese, kelle ma olen loonud, maa pealt kaotada, niihästi inimesed kui loomad ja roomajad ja taeva linnud, sest ma kahetsen, et ma nad olen teinud!" Aga Noa leidis armu Isanda silmis. See on jutustus Noa soost: Noa oli üks õige mees, täiesti vaga oma rahvapõlve seas;
Noa kõndis koos Jumalaga"
(Moosese 6:5-9)

Me näeme Piiblist, kuivõrd suur oli inimese patt Noa ajal. Jumalal oli inimese loomise üle nii kurb meel, et Ta kuulutas, et Ta kustutab inimese uputuse kohtuotsuse kaudu maamuna pealt ära. Jumal lõi inimese, Ta käis inimesega ja valas tema üle oma rikkalikku armastust, miks Ta pidi siis inimese üle niimoodi kohut mõistma? Vaatleme Jumala kohtuotsuse põhjuseid ja seda, kuidas me saame Jumala kohut vältida ja selle asemel Tema õnnistused vastu võtta.

Kurja ja hea inimese erinevus

Kui me inimestega läbi käime, tunneme me nende kohta teatud asju. Vahel võime me tunnetada, kas nad on kurjad või head. Enamasti on inimestel, kes kasvasid heas keskkonnas ja said õiget õpetust, tasasem isiksus ja hea süda. Vastupidiselt, inimestel, kes kasvasid karmis keskkonnas ja nägid ning kogesid palju kurja, mis tõest eemale oli, on tõenäoliselt isiksus, mis on kõver ja nad võivad olla rohkem kurjategemise kalduvustega. Muidugi, leidub neid, kes lähevad lõpuks väära teed mööda, kuigi neid kasvatati heas keskkonnas ja on ka neid, kes ületasid nende ebasoodsa keskkonna mõju ja kellest said lõpuks edukad ja heasüdamlikud inimesed. Aga kui paljud inimesed võisid kasvada võimalikult heas keskkonnas ja hea hariduse saada ja kõige krooniks veel vaeva näha, et head elu elada?

Kui me tahame näha heade inimeste näiteid, võime me arvesse võtta neitsi Maarjat, kes sünnitas Jeesuse ja tema abikaasat Joosepit. Kui Joosep sai teada, et Maarja oli rasestunud, kuigi nad ei olnud sama voodit jaganud, mida ta tegi? Selleaegse seaduse järgi tuli abielu rikkunud inimene kividega surnuks visata. Aga Joosep ei lasknud Maarjat puudutavat avalikuks saada. Ta tahtis kihlust vaikselt lõpetada. Tal oli tõesti hea süda!

Vastupidiselt, kurja inimese näiteks on Absalom. Kui ta poolvend Amnon vägistas tema õde, otsustas ta oma südames talle kätte maksta. Seega, kui Absalom leidis soodsa ajahetke, tappis ta Amnoni. Ja ta tundis seetõttu isegi oma isa Taaveti vastu üha suuremat halvakspanu. Lõpuks juhtis ta oma isa vastast ülestõusu. Kogu selle kurjuse tõttu lõppes Absalomi elu traagiliselt.

Sellepärast öeldakse Matteuse 12:35: „Hea inimene võtab heast varamust head ja kuri inimene võtab kurjast varamust kurja." Paljude inimeste korral istutatakse neisse kasvamise ajal, hoolimata nende kavatsustest, loomupäraselt kurjust. Kaua aega tagasi oli palju inimesi, kes olid valmis oma maa ja rahva eest surema, kuigi seda ei esinenud väga sageli. Kuid tänapäeval ja sel ajastul on väga raske niisuguseid inimesi leida. Isegi kui inimesed määrduvad kurjuse tõttu, ei saa paljud inimesed aru, mis on kurjus ja elavad end õigeks pidades.

Miks tuleb Jumala kohus

Üldiselt, kui uskmatud teevad kurja, ei kutsu Jumal neid korrale, juhul kui just mingi väga tõsise asjaga tegu pole. See on nii, kuna nad ei tea isegi seda, mis on patt ja neil ei ole Jumalaga midagi tegemist. Nad on vaimses mõttes otsekui vallaslapsed. Lõpuks lähevad nad põrgusse ja nad on juba hukka mõistetud. Muidugi, kui nende patt jõuab teatud piirini ja nad teevad teistele palju kahju ning nende kurjus väljub igasuguse kontrolli alt ning ei pea inimkonnast lugu, isegi kui need inimesed ei ole Jumalaga kuidagi seotud, ei kannata Ta neid. See on nii, kuna Jumal on kohtumõistja, kes mõistab kohut kogu inimkonna hea ja kurja üle.

Apostlite teod 12:23 öeldakse: „Aga otsekohe lõi teda Isanda ingel, seepärast et ta ei andnud au Jumalale. Ja ussidest sööduna heitis Heroodes hinge." Kuningas Heroodes oli uskmatu, kes tappis Jakoobuse, ühe Jeesuse kaheteistkümnest jüngrist. Ta vangistas ka Peetruse. Aga kui ta muutus uhkeks, otsekui oleks ta jumal, lõi Jumal teda ja ta sai ussitoiduks ja suri. Isegi kui inimene ei tunne Jumalat, aga ta patt ületab teatud piiri, mõistetakse ta üle niimoodi kohut.

Aga kuidas on lood usklikega? Kui iisraellased kummardasid ebajumalaid, eksisid Jumalast ära ja tegid igasugust kurja, ei jätnud Jumal neid lihtsalt sinnapaika. Ta tõreles nendega ja õpetas neid prohveti läbi ja kui nad ikka ei kuulnud, karistas Ta neid, et nad pöörduksid oma teedelt.

See on nii, nagu kirjutatakse Heebrealastele 12:5-6: „Mu poeg, ära põlga Isanda karistust ja ära nõrke, kui Tema sind noomib! Sest keda Isand armastab, seda Ta karistab, Ta piitsutab iga poega, kelle Ta vastu võtab." Jumal sekkub, kui Ta armsad lapsed oma tegudes eksivad. Ta noomib ja distsiplineerib neid, et nad parandaksid meelt, pöörduksid ja elaksid õnnistatud elu.

* Sest inimese kurjus on suur

Kui me vaatame Piiblisse kirjapandut või inimkonna ajalugu, siis Jumala tõsine kohus tabas inimkonda igal ajaperioodil, kui nende patt jõudis haripunkti ja ületas siis igasugused piirid. Me võime Jumala kohtuotsused jagada kolme põhikategooriasse.

Kui Jumala kohus tabab uskmatuid, võib see tabada ka riiki tervikuna või üksikisikut. On ka juhtumeid, mil Jumala kohus võib Tema rahvast tabada. Kui rahvas teeb ühiselt pattu, mis väljub inimkonna eetika raamest, tabab kogu rahvast suur viletsus. Kui üksikisik teeb pattu, mis on kohtu vääriline, hävitab Jumal ta. Kui jumalarahvas tegutseb valesti, distsiplineeritakse neid, kuna Jumal armastab oma rahvast ja seega Ta laseb nende ellu tulla katsumusi ja viletsust, et nad võiksid oma vigadest õppida ja neist pöörduda.

Loojana Jumal üksnes ei juhi kõiki maailma inimesi, vaid on ka nende Kohtumõistja. Ta laseb ka inimesel „külvatut lõigata". Minevikus, kui inimesed ei tundnud Jumalat, ent otsisid Teda heast südamest või püüdsid õieti elada, ilmutas Jumal end vahel neile unenägude kaudu ja lasi neil teda, et Ta on elav.

Paabeli impeeriumi kuningas Nebukadnetsar ei uskunud Jumalat, kuid Jumal näitas talle ikkagi unes tulevikusündmusi. Ta ei tundnud Jumalat, kuid ta oli piisavalt suuremeelne, et vangide seast nende paremik välja valida. Ta õpetas neid Paabeli tsivilisatsiooni tundma ja määras neid isegi impeeriumi juhtivpositsioonidele. Ta tegi seda, sest oma südamesopis ta tunnistas ülimat jumalat. Seega, isegi kui inimene ei tunne Jumalat, ent püüab õiget südant omale saada, siis leiab Jumal tee, kuidas talle ilmutada, et Ta on elav Jumal ja Ta tasub sellele inimesele vastavalt tema tegudele.

Jumala kohus tabas maad, kuna inimkonna kurjus oli suur (1. Moosese 6:5). Kuid milline näeb maailm välja, kui inimkonna kurjus on suur?

Esiteks, selline juhtum, mil inimeste kurjus koguneb riiklikul tasemel. Inimesed võivad ühineda oma riigi esindajaga nagu näiteks presidendi või peaministriga ja ühiselt pattu kuhjata. Parim näide selle kohta on kurikuulus Natsi Saksamaa ja holokaust. Kogu Saksamaa tegi Hitleriga koostööd, et hävitada juute. Nad tegid seda kuritööd äärmiselt julma meetodiga.

Ajalookirjete alusel tapeti umbes 6 miljonit juuti, kes elasid Saksamaal, Austrias, Poolas, Ungaris ja Venemaal, metsikult – jõhkra sunnitöö, piina, nälja ja mõrvamisega. Mõned surid alasti gaasikambrites, mõned põletati elusalt maa sees olevates aukudes ja mõned surid kohutavat surma, inimeksperimentide elusate katseisikutena. Missugune saatus tabas siis Hitlerit ja Saksamaad, kes neid kurje tegusid juhtisid? Hitler võttis omalt elu, Saksamaa sai täit kaotust kandnud riigiks, mis jättis alatiseks ajaloolise pleki selle maa nime külge. Lõpuks jagunes maa kaheks – Ida- ja Lääne-Saksamaaks. Need, kes olid süüdi elajalike sõjakuritegude tegemises, pidid oma nime muutma ja põgenema, ühest kohast teise kolides. Kui nad kinni püüti, mõisteti neile tavaliselt surmanuhtlus.

Noa aja inimeste üle mõisteti samuti kohut. Kuna selle aja inimesed olid niivõrd patust tulvil, otsustas Jumal nad hävitada (1. Moosese 6:11-17). Noa kuulutas inimestele kuni uputuse päevani tulevasest kohtuotsusest, kuid inimesed ei kuulanud teda isegi viimase lõpuni. Tegelikult inimesed sõid ja jõid, abiellusid ja nautisid mõnulemist selle hetkeni, mil Noa läks oma perega laeva. Noa sõnul, isegi kui nad nägid vihmasadu, ei saanud nad aru, mis juhtub (Matteuse 24:38-39). Selle tulemusel surid uputuses kõik inimesed, peale Noa ja tema perekonna (1. Moosese 7. peatükk).

Piiblisse on ka kirja pandud, kuidas Jumal saatis Aabrahami ajal Soodoma ja Komorra peale tuld ja väävlit nende kohtukaristuseks, sest need linnad olid niivõrd pattu täis (1. Moosese 19. peatükk). Neile näidetele lisaks näeme me kogu inimajaloost, kus Jumal valas välja erinevad ikalduse, maavärinate ja nuhtluste jms kohtuotsuseid kogu riigi peale tervikuna, kui see oli täiesti patust tulvil.

Järgnevalt vaatleme kohtuotsust inimese üle, hoolimata sellest, kas see inimene Jumalat uskus või mitte. Kui ta kuhjas kokku kurjust, mõisteti tema üle kohut vastavalt sellele, mida ta oma tegudega välja teenis. Inimese elu võis tema oma kurjuse või tema patu määra tõttu lühemaks muutuda ja ta viimased päevad võisid traagiliselt lõppeda. Aga lihtsalt see, et keegi sureb vara, ei tähenda, et ta üle mõisteti kohut, kuna on ka selliseid juhtumeid nagu Pauluse ja Peetruse puhul, kes tapeti, kuna nad elasid õiglast elu. Nende surm oli ka õiglane surm, seega nad säravad Taevas nagu päike. Minevikuski on olnud õigeid inimesi, kes näitasid kuningale tõde ja keda sunniti jooma surmajooki, mis nende elu lõpetas. Neil puhkudel ei olnud nende inimeste surm patu tõttu nende üle mõistetud kohtu tulemus, vaid õiglane surm.

Isegi tänapäeva maailmas on inimkonna patt suur, olgu siis tegu riigi või üksikisikuga. Enamasti ei usu inimesed, et Jumal on ainus tõene Jumal ja on täis oma arvamusi. Nad kas ajavad taga valejumalaid, ebajumalaid või armastavad muid asju enam kui Jumalat. Abielueelne seks on tavaliselt aktsepteeritav ja homoseksualistide ja lesbiliste liikumine nende abielude legaliseerimiseks on jätkuvalt progresseerunud. Sellele lisaks vohavad narkootikumid, võitlused, vaen, vihkamine ja korruptsioon, mida on kõikjal.

Matteuse 24:12-14 kirjeldatakse lõpuaega: „Ja kui ülekohus võtab võimust, jahtub paljude armastus. Aga kes peab vastu lõpuni, see pääseb. Ja seda Kuningriigi evangeeliumi kuulutatakse kogu
 ilmamaale, tunnistuseks kõigile rahvastele, ja siis tuleb lõpp."

Selline on meie maailm tänapäeval.

Täpselt nii nagu te ei saa öelda, kas teie ihu on must, kui te seisate pimedas, elavad inimesed ülekohtus, kuna maailmas on nii palju pattu ja nad ei tea ikkagi, et nende teod on ülekohtused. Kuna nende süda on niivõrd palju ülekohust täis, ei saa neisse valada tõelist armastust. Umbusaldus, ustavuse puudumine ja igasugused peavalu valmistavad probleemid on laialt levinud, sest inimeste armastus on jahtunud. Kuidas saab veatu ja plekitu Jumal seda lihtsalt edasi pealt vaadata?

Kui vanem armastab oma last ja laps läheb eksiteele, mida see vanem teeb? Vanem püüab last veenda, et ta muutuks ja noomib last. Aga kui laps ei kuula ikka, püüab vanem talle kere peale anda, et last kainestada. Aga kui laps teeb asju, mida inimlikult aktsepteerida ei saa, võib lapsevanem lapsest lõpuks lahti öelda. Looja Jumalaga on samamoodi. Kui inimese pattu on nii suur, et ta ei erine enam loomadest, peab Jumal tema üle paratamatult kohut mõistma.

* Sest südame mõte on kuri

Kui Jumal laseb kohtul tulla, ei kurvasta Ta vaid seetõttu, et maailmas on nii palju pattu, vaid ka, kuna inimese mõtted on kurjad. Paadunud südamega inimene on ka täis kurje mõtteid. Ta on ahne ja taotleb alati omakasu ja ta ei peatu millegi juures, et rikkust juurde saada ning ta mõtted on pidevalt kurjad. See võib kehtida riigi ja samuti ka üksikisiku kohta. See võib isegi usklike kohta kehtida. Isegi kui inimene tunnistab oma usku Jumalasse, aga talletab Jumala Sõna vaid teadmistena ja ei rakenda seda oma ellu, taotleb ta jätkuvalt vaid omakasu ja tal on seetõttu alati paratamatult kurje mõtteid.

Miks me Jumalat ülistame ja Tema Sõna kuulame? Me teeme nii, et Tema tahte järgi tegutseda ja muutuda õiglasteks inimesteks, kellena Jumal meid näha tahab. Aga on väga palju inimesi, kes hüüavad: „Isand, Isand!" ja kes ikkagi ei ela Tema tahte kohaselt. Hoolimata sellest, kui palju tööd nad ka oma väidete kohaselt Jumalale ei ole teinud, nende üle mõistetakse kohut, kuna neil on kuri süda ja nad ei lähe taevariiki (Matteuse 7:21). Jumala käskude ja korralduste mitte pidamist peetakse patuks ja usk ilma tegudeta on surnud usk, seega niisugused inimesed ei saa pääseda.

Kui me kuuleme Jumala Sõna, tuleb meil vabaneda kurjast ja selle kohaselt tegutseda. Siis, kui meie hinge lugu on hea, on meil kõiges hea käekäik ja meil on ka terviseõnnistus. Seega, haigused, katsumused ja viletsused ei tule. Ja isegi kui nad peaksid tulema, pöörab Jumal kõik heaks ja neist saavad pigem õnnistuste võimalused.

Kui Jeesus tuli siia maailma, siis tundsid heasüdamlikud inimesed nagu karjased, prohvetess Anna, Siimeon ja teised Jeesust imikuna ära. Aga variserid ja saduserid, kes tunnistasid, et nad pidasid rangelt käsuseadusest kinni ja õpetasid seda, ei tundnud Jeesust ära. Kui nad oleksid olnud Jumala Sõnast läbi imbunud, oleks nende süda hea olnud ja nad oleksid pidanud suutma Jeesust ära tunda ja aktsepteerida. Kuid nad ei olnud oma südamepõhjas muudetud ja suurustlesid ning keskendusid ainult välisele pühadusele. Seetõttu oli neil kalestunud süda ja nad ei suutnud Jumala tahtest aru saada ega Jeesust ära tunda. Nii et sõltuvalt sellest, kui palju te südames on headust ja kui palju seal on kurjust, saadakse ülimalt erinev tulemus.

Jumala Sõna ei saa selgitada vaid inimlike teadmistega lihtsas ja selges keeles. Mõned inimesed ütlevad, et Piibli täpset tähendust teada saamiseks tuleb õppida heebrea ja kreeka keelt ning algkeeles kirjutatut tõlgendada. Sellepärast ei saanud variserid, saduserid ja ülempreester selgelt aru Piiblist, mis oli nende oma heebrea keeles kirja pandud ning ei tundnud Jeesus ära. See sündis, kuna Jumala Sõna on Püha Vaimu sisendusel kirja pandud ja seda saab selgelt mõista ainult palve läbi Püha Vaimu sisendusega. Piiblit ei saa lihtsalt kirjanduslike abivahenditega tõlgendada.

Seetõttu, kui meie südames on väärust või lihahimu, silmahimu või suurustlevat elukõrkust, ei suuda me Jumala tahet leida ega selle kohaselt tegutseda. Praegusaja ja -ajastu inimesed on nii kurjad, et nad keelduvad Jumalasse uskumast – ja mitte vaid seda, isegi kui nad väidavad, et nad usuvad Jumalat, tegutsevad nad ikkagi ülekohtuselt ja ebaõiglaselt. Kokkuvõttes, nad ei tegutse Jumala tahte kohaselt. Sellest saame me aru, et Jumala kohus on lähedal.

* Sest iga südamekavatsus on alati kuri

Jumal peab kohut mõistma, sest inimsüdame iga kavatsus on alati kuri. Kui meil on kurje mõtteid, siis on neist mõtetest lähtuvad plaanid alati kurjad ja need mõtted provotseerivad lõpuks kurje tegusid. Mõtelge üksnes sellele, kuivõrd palju kurje plaane tehakse tänapäeva ühiskonnas.

Me näeme, kuidas riigi juhtpositsioonidel olevad inimesed nõuavad suuri rahasummasid altkäemaksuks või loovad ebaseaduslikuks otstarbeks rahareserve ning laskuvad ägedatesse sõnelustesse ja võitlemisse. Hoolimatud ühiskondlike positsioonide saavutamise meetodid, sõjalised skandaalid ja igasugused erinevad skandaalid on valdavad. On lapsi, kes kavatsevad oma vanemate tapmist ette, et pere rikkust oma valdusse saada ja leidub noori inimesi, kes planeerivad igasuguseid kurje salasepitsusi, et teenida raha, mida liiderdamisele kulutada.

Isegi tänapäeva noored lapsed teevad kurje plaane. Selleks, et saada videomängusaali minekuks raha või osta midagi, mida nad väga saada tahavad, valetavad nad oma vanematele või isegi varastavad. Ja kuna kõik on väga hõivatud enese rahuldamisega, saab iga südames olev kavatsus ja iga tegu vaid kuri olla. Kui tsivilisatsioon areneb materialistlikult kiiresti edasi, imbub ühiskonda kiiresti dekadentlik naudinguid taotlev kultuur. Tänapäeval sünnib täpselt see, just nii nagu Noa ajal, mil maailma patu mõõt sai täis.

Et Jumala kohut vältida

Inimesed, kes armastavad Jumalat ja need, kes on vaimselt ärkvel, ütlevad, et Isanda tagasitulek on väga lähedale jõudnud. Ja nii nagu Piiblis kirjutatakse, lõpuaja märgid, millest Isand rääkis, hakkavad väga selgelt silma paistma. Isegi uskmatud ütlevad sageli, et me oleme lõpuajal. Koguja 12:14 öeldakse: „Sest Jumal viib kõik teod kohtusse, mis on iga salajase asja üle, olgu see hea või kuri." Seetõttu me peame teadma, et lõpp on lähedal ja me peame pattude vastu verevalamiseni võitlema ja vabanema igasugusest kurjusest ja õiglaseks muutuma.

Need, kes võtavad Jeesuse Kristuse vastu ja kelle nimed on kirja pandud Taeva Eluraamatusse, saavad igavese elu ja tunnevad rõõmu igavestest õnnistustest. Neile tasutakse tehtu kohaselt ja mõned pannakse kohtadele, mis on eredad nagu päike ja teised pannakse kohtadele, mis on eredad nagu kuu või tähed. Teisalt, pärast suure valge trooni kohut kannatavad need, kelle südamemõtted olid kurjad ja kes keeldusid Jeesust Kristust vastu võtmast ega ei uskunud Jumalat, igavesti põrgus.

Nii et kui me tahame vältida Jumala kohut, nii nagu kirjutatakse Roomlastele 12:2, ei või me saada selle igasugust rikutust ja pattu täis oleva maailma sarnaseks. Me peaksime uuendama oma südame ja muutuma, nii et me saaksime aru, mis on Jumala hea, meelepärane ja täiuslik tahe ja selle kohaselt tegema. Nii nagu Paulus tunnistas: „Ma suren igapäevaselt!", peame ka meie alistuma Kristusele ja elama Jumala Sõna järgi. Sedamoodi peab meie hinge lugu olema hea, et meil võiksid alati olla head mõtted ja me tegutseksime headusest lähtudes. Siis on me elu igati edukas ja meil on hea tervis ning lõpuks kogeme me rõõmu igavestest õnnistustest Taevas.

13. peatükk

Ärge minge Ta tahte vastu

„Aga Korah, Jishari poeg, kes oli Leevi poja Kehati poeg, ja Daatan ja Abiram, Eliabi pojad, ja Oon, Peleti poeg Ruubeni poegadest, võtsid kätte ja tõusid üles Moosese palge ees, nõndasamuti kakssada viiskümmend meest Iisraeli lastest, koguduse vürstid, kogudusest kutsutud nimekad mehed, ja nad kogunesid Moosese ja Aaroni vastu ning ütlesid neile: „Nüüd on küllalt! Sest terve kogudus - nad kõik on pühad ja Isand on nende keskel! Mispärast tõstate siis teie endid Isanda koguduse üle?"
(4. Moosese 16:1-3)

„Ja kui ta oli rääkinud kõik need sõnad, siis sündis, et nende all olev maa lõhkes ja maa avas oma suu ja neelas ära nemad ja nende kojad ja kõik inimesed, kes kuulusid Korahile, ja kogu varanduse. Nõnda läksid nemad ja kõik, mis neil oli, elusalt hauda ja maa kattis nad ning nad hävitati koguduse hulgast... "
(4. Moosese 16:31-35)

Kui me oleme sõnakuulelikud, peame Tema korraldusi ja elame õiglast elu, oleme me õnnistatud tulles ja minenes. Meid õnnistatakse igas eluvaldkonnas. Aga vastupidi, kui me ei kuuletu, vaid läheme Jumala tahte vastu, siis tabab meid kohus. Seega me peaksime saama tõeliseks jumalalapseks, kes Teda armastab, kes kuuletub kogu südamest Ta tahtele ja tegutseb Tema korralduste kohaselt.

Meid tabab kohus, kui me läheme Jumala tahte vastu

Ükskord oli üks mees, kes oli õiglaselt nördinud. Ta pidas oma seltsimeestega aru ja planeeris oma maa aitamiseks suurt revolutsiooni. Revolutsioonipäeva lähenedes muutus seltsimeeste üksmeelne tahe veelgi tugevamaks. Kuid ühe seltsimehe reetmise tõttu ebaõnnestus kogu nende maa päästmise plaan täielikult. See on väga kurb ja traagiline, kui ühe inimese vea tõttu ei saa paljude inimeste hea tahe teostuda.

Vaene mees ja naine abiellusid. Palju aastaid tõmbasid nad mõlemad oma püksirihma koomale, et säästa. Lõpuks ostsid nad maad ja hakkasid kindlustundega elama. Siis sattus abikaasa äkki mängurluse ja joomise sõltuvusse ja selle tulemusel mängis ta kogu nende vaevaga teenitud vara maha. Kas te suudate ette kujutada, kuivõrd suur võis selle naise südamevalu olla?

Me võime vaid inimestevahelistest suhetest näha, millised tragöödiad juhtuvad, kui inimesed tegutsevad üksteise tahtele risti vastupidiselt. Seega, mis juhtub, kui inimene otsustab minna universumi Looja – Jumala tahte vastu? 4. Moosese 16:1-3 lugedes näeme me seal sündmust, kus Korah, Daatan ja Oon tõusid koos 250 tuntud kogudusejuhiga Jumala tahte vastu. Mooses oli nende juht, kelle Jumal oli nende jaoks valinud. Iisraeli lapsed pidid Moosesega üksmeelsed olema, et võita raske kõrbeelu ja minna Kaananimaale. Kuid siis juhtus see valulik sündmus.

Selle tulemusel maeti Korah, Daatan ja Oon koos nende perekondadega elusalt, kui maa lõhenes nende jalge all ja neelas nad. 250 kogudusejuhti hävisid samuti Jumala tules. Miks see sündis? Jumala valitud juhi vastu minek on sama, mis Jumala vastu minek.

Isegi meie igapäevaelus on sageli juhtumeid, kus minnakse Jumala vastu. Isegi kui Püha Vaim õhutab meie südant, me läheme lihtsalt selle vastu, kui Tema tahe ei ühti meie mõtete ja soovidega. Mina enam me tegutseme Tema mõtete asemel oma mõtete järgi, seda enam me läheme Jumala tahte vastu. Aja jooksul ei suuda me enam Püha Vaimu häält kuulda. Kuna me tegutseme omatahtsi, sattume me raskustesse ja rasketesse olukordadesse.

Inimesed, kes läksid Jumala tahte vastu

4. Moosese 12. peatükis on sündmus, kus Moosese vend Aaron ja tema õde Mirjam räägivad Moosese vastu, sest ta oli abiellunud etiooplannaga. Nad süüdistasid teda ja ütlesid: „Kas Isand räägib ainult Moosese läbi? Eks Ta räägi ka meie läbi?"

(2. salm). Otsekohe tabas Jumala viha Aaronit ja Mirjamit ja Mirjamist sai pidalitõbine.

Siis tõreles Jumal nendega ja ütles: „Kuulge ometi mu sõnu! Kui teie prohvet on Isanda oma, siis ma ilmutan ennast temale nägemuses, räägin temaga unenäos. Nõnda aga ei ole mu sulase Moosesega: tema on ustav kogu mu kojas. Temaga ma räägin suust suhu, ilmsi, mitte nägemuste ja mõistatuste läbi. Ja tema võib vaadata Isanda kuju. Mispärast te siis ei ole kartnud rääkida vastu mu sulasele Moosesele?" (6.-8. salm).

Vaatleme siis mõne piiblinäite varal, mida tähendab Jumala tahte vastu minek.

1) Iisraellased kummardasid ebajumalaid

Väljarände ajal nägid Iisraeli lapsed oma silmadega kümmet nuhtlust, mis tabasid Egiptust ja kuidas Punane meri avanes nende ees. Nad kogesid väga palju erinevaid imesid ja tunnustähti, et nad pidid teadma, et Jumal on elav Jumal. Kuid mida nad tegid, kui Mooses oli mäel, kus ta paastus nelikümmend päeva, et Jumalalt kümme käsku saada? Nad ehitasid kuldvasika ja kummardasid seda. Jumal eraldas Iisraeli valitud rahvana ja õpetas neid ebajumalaid mitte kummardama. Kuid nad tegutsesid Jumala tahte vastu ja selle tulemusel suri neist umbes kolmsada inimest ära (2. Moosese 3. peatükk).

Ja 1. Ajaraamatus 5:25-26 kirjutatakse: „Aga nad olid truuduseta oma vanemate Jumala vastu ja jooksid hoora viisil nende maade rahvaste jumalate järel, keda Jumal nende eest oli hävitanud. Siis äratas Iisraeli Jumal Assuri kuninga Puuli vaimu, ja Assuri kuninga Tiglat-Pileseri vaimu, ja laskis vangistada ruubenlased, gaadlased ja Manasse poole suguharu ning viia need Halahhi, Haaborisse, Haarasse ja Goosani jõe äärde, kus nad on tänapäevalgi." Kuna iisraellased jooksid hoora viisil, Kaananimaa jumalaid kummardades, puudutas Jumal Assüüria kuninga südant ja ta tungis Iisraeli ja viis neist paljud vangi. Iisraellaste jumalavastane tegu põhjustas selle õnnetuse.

Assüüria hävitas Iisraeli põhjapoolse kuningriigi ja Paabel Juuda lõunapoolse kuningriigi samuti ebajumalakummardamise tõttu.

Tänapäevases mõttes oleks otsekui tegu kullast, hõbedast, pronksist jms tehtud ebajumala kummardamisega. See on samamoodi nagu lauale keedetud seapea panemine ja siis surnud esivanemate kummardamine, mida inimesed teevad. See on häbiväärne, kui kogu loodu valitsejaks pandud inimene kummardab surnud siga ja palub tema käest õnnistusi!

2. Moosese 20:4-5 käsib Jumal, öeldes: „Sa ei tohi enesele teha kuju ega mingisugust pilti sellest, mis on ülal taevas, ega sellest, mis on all maa peal, ega sellest, mis on maa all vees! Sa ei tohi neid kummardada ega neid teenida."

Ta mainis ka selgelt needusi, mis neid tabasid, kui nad käsuseadustesse kerglaselt suhtusid ja ei elanud nende järgi. Ta ütles ka, millised õnnistused nad saavad, kui nad kirjutavad käsuseadused oma südamesse ja peavad neid. Ta ütles: „Mina, Isand, sinu Jumal, olen püha vihaga Jumal, kes vanemate süü nuhtleb laste kätte kolmanda ja neljanda põlveni neile, kes mind vihkavad, aga kes heldust osutab tuhandeile neile, kes mind armastavad ja mu käske peavad!"

Sellepärast, kui me ringi vaatame, võime me näha, kuidas ebajumalakummardamisega tegelenud perekondades on palju eriliiki kannatusi. Ühel päeval koges varem ebajumalat kummardanud koguduseliige oma elus probleemi. Tema suu, mis oli varem üsna normaalne, väändus ja deformeerus niivõrd, et ta ei saanud korralikult rääkida. Kui ma küsisin tema käest, mis juhtus, ütles ta, et ta oli pühade ajal oma perel külas käinud ja kuna ta ei suutnud nende survele vastu panna, andis ta järele ja kummardas esivanemate pärimusohvrit. Järgmisel päeval oli ta suu küljele väändunud. Õnneks ta parandas Jumala ees täielikult meelt ja lasi enda eest palvetada. Tema suu tervenes ja muutus normaalseks tagasi. Jumal juhatas ta päästeteele, andes talle õppetunni, mille läbi ta mõistis, et ebajumalakummardamine on hävingu tee.

2) Vaarao keeldus iisraellastel minna laskmast

2. Moosese 7.-12. peatükis püüdisid Egiptuses orjapõlves olnud Iisraeli lapsed Moosese juhatusel Egiptusest lahkuda. Kuid vaarao ei lasknud neil minna ja sellepärast tabas vaaraot ja Egiptust suur häda. Looja Jumal on inimkonna elu ja surma autor ja seega keegi ei saa mitte keegi Tema tahte vastu minna. Jumala tahe oli Iisraeli rahva väljaränne. Aga vaarao, kelle süda oli paadunud, sekkus Jumala tahtele vahele.

Sellepärast lasi Jumal Egiptuse üle kümme nuhtlust tulla. Sel ajal hakkas kogu riik koost lagunema. Lõpuks lasi vaarao

Iisraeli lastel vastutahtsi minna, kuid ta südames oli halvakspanu. Seega, ta mõtles ringi ja saatis oma sõjaväe neid taga ajama, isegi Punasesse merre, mis oli lahknenud. Lõpuks uppus kogu Egiptuse sõjavägi, mis neid taga ajas, Punasesse merre. Vaarao läks viimase lõpuni Jumala tahte vastu ja seega tabas teda kohus. Vaarao oleks pidanud aru saama, et Jumal oli ainus tõeline Jumal, kui Ta näitas vaaraole mitu korda, et Tema oli elav Jumal. Ta oleks pidanud Jumala tahtele kuulekas olema. Isegi inimlike standardite kohaselt oli iisraellaste minemalaskmine õige tegu.

See on lihtsalt vale, kui üks rahvus võtab kogu teise rassi orjaks. Lisaks, Egiptus suutis Jaakobi poja Joosepi tõttu suurt näljahäda vältida. Hoolimata sellest, et nelisada aastat oli mööda läinud, oli ajalooline tõde, et Egiptus oli Iisraelile tänu võlgu, sest Iisrael päästis nende rahva. Kuid selle asemel, et Iisraelile saadud armu eest tasuda, sundis Egiptus nad orjadena sunnitööle. See oli väga kuri. Vaaraol oli absoluutne võim ja ta oli uhke inimene, kes oli täis ahnust. Sellepärast ta võitles lõpuni Jumala vastu ja Jumal mõistis lõpuks ta üle kohut.

Meie ühiskonnas on tänapäeval niisuguseid inimesi ja Piiblis hoiatatakse neid tulevase kohtu eest. Häving ootab neid, kes keelduvad Jumalat uskumast oma teadmiste ja uhkuse tõttu ja neid, kes küsivad rumalalt: „Kus on Jumal?"

Isegi kui nad tunnistavad, et nad usuvad Jumalat, kui nad ei pea Jumala käsuseadustest lugu oma tujude ja jonni tõttu ja nad tunnevad teiste vastu vaenu või kibedust või on koguduse juhid ja väidavad, et nad teevad jumalariigi heaks palju tööd ja ikkagi teevad endi läheduses olijad pahaseks ja ärritavad neid, ei erine nad vaaraost.

Kui me jätkame pimeduses elamist, teades, et Jumal tahab, et me elaksime Valguses, siis me kogeme samasuguseid kannatusi nagu uskmatud, sest Jumal hoiatab pidevalt inimesi, kuid nad ei kuula, kuna nad lähevad maailma suunas liikudes Jumala tahte vastu.

Vastupidiselt, kui inimene elab õiglaselt, muutub ta süda puhtaks ja hakkab jäljendama Jumala südant ning vaenlane kurat lahkub. Hoolimata sellest, kuivõrd tõsine haigus tal ka poleks või millised katsumused ja viletsused ta elus ka ei tekiks, kui ta tegutseb jätkuvalt Jumala ees õieti, muutub ta tugevaks ja terveks ja kõik katsumused ja viletsused kaovad. Kui maja on must, ilmuvad prussakad, hiired ja igasugused räpased kahjurid. Aga kui maja on puhas ja desinfitseeritud, ei saa kahjurid seal enam elada ja kaovad loomulikku teed. See on samamoodi.

Kui Jumal needis inimest ahvatlenud madu, ütles Ta, et madu „peab roomama oma kõhu peal ja põrmu sööma kogu eluaja!" (1. Moosese 3:14). See ei tähenda, et madu sööb mullatolmu. Selle vaimne tähendus on, et Jumal ütleb vaenlasele kuradile, mis ässitas madu, et see sööks maapõrmust tehtud inimeste liha. Vaimselt on „liha" miski, mis muutub ja hävib. See tähistab väärust, mis viib surma.

Seega, vaenlane kurat toob kiusatusi, katsumusi ja kannatusi lihalikele inimestele, kes teevad vääruse keskel pattu ja viib nad lõpuks surma. Aga vaenlane ei saa läheneda pühadele patuta inimestele, kes elavad Jumala Sõna järgi. Seega, kui me elame õieti, siis pagevad haigused, katsumused ja viletsus meie eest loomuomaselt.

Joosua 2. peatükis on inimene, kes oli erinevalt vaaraost pagan, kuid aitas teostada Jumala tahet ja sai selle tulemusel õnnistuse osaliseks. See inimene oli Raahabi nimeline naine, kes elas Jeerikos väljarände ajal. Pärast Egiptusest väljatulekut ja nelikümmend aastat kõrbes rändamist olid iisraellased just Jordani jõe ületanud. Nad olid laagris ja valmis igal hetkel Jeerikot ründama.

Raahab ei olnud iisraellane, kuid ta oli neist kuuldusi kuulnud. Ta sai aru, et Isand Jumal, kes valitses kogu universumit, ei olnud selline jumal, kes oleks tapnud põhjuseta hoolimatult ja julmalt. Kuna Raahab teadis, et Isand Jumal oli õiguse Jumal, kaitses ta Iisraeli maakuulajaid, neid peites. Kuna Raahab teadis Jumala tahet ja aitas Tema tahet täita, pääses ta perega, kui Jeeriko hävitati. Meiegi peame teoks tegema Jumala tahet, et elada vaimset elu, kus me võime saada lahenduse erinevatele probleemidele ja palvevastused.

3) Preester Eeli ja ta pojad rikkusid Jumala korda

1. Saamueli 2. peatükis näeme me, et preester Eeli pojad olid ülekohtused inimesed, kes torkisid Jumalale ohvriks kõrvalepandud liha ja magasid isegi naistega, kes teenisid kogudusetelgi uksel. Aga nende isa preester Eeli lihtsalt manitses neid sõnadega, kuid ei teinud midagi, et lõpetada nende vale teguviis. Lõpuks tapeti ta pojad vilistide vastases sõjas ja preester Eeli murdis oma kaela ja suri, kui ta kukkus neid uudiseid kuuldes toolilt maha. Eeli suri niimoodi oma patu tõttu, kuna ta ei õpetanud oma poegi korralikult.

Sama kehtib tänapäeval meie kohta. Kui me näeme enda läheduses lihalikult abielu rikkuvaid inimesi või neid, kes Jumala korrast kõrvale kalduvad ja aktsepteerime neid lihtsalt, ilma neile õieti õpetamata, mis on õige ja mis on vale, siis me ei erine preester Eelist. Siin peame me ennast uurima ja vaatama, kas me oleme mingilmoel Eeli ja ta poegade moodi.

Sama kehtib Jumalale kõrvalepandud kümniseraha ja tänuohvrite isikliku kasutamise kohta. Kui me ei too Jumalale kogu kümnist ja ohvriande, me otsekui varastaksime Temalt ja seega, meie perekonda või rahvast tabab needus (Malaki 3:8-9). Samuti, mis iganes on pühendatud Jumalale andmiseks, seda ei tohiks millegi muu vastu välja vahetada. Kui te olete oma südames juba otsustanud, et te annate Jumalale ohvrianni, tuleb teil see teoks teha. Ja kui te tahate selle millegi parema vastu välja vahetada, tuleb teil anda see ja ka teine.

Samuti ei ole õige, et kodugrupi juht või laekur kasutab kogutud liikmemaksu oma äranägemist mööda. Koguduse raha kasutamine kavatsetust erinevaks otstarbeks või teatud sündmuseks raha kõrvalepandud raha erinevaks otstarbeks kasutamine liigitub ka „Jumalalt varastamise" kategooriasse. Lisaks, Jumala varalaeka kallale oma käe panemine on vargus, täpselt nii nagu Juudas Iskariot tegi. Kui keegi varastab Jumala raha, teeb ta Eeli poegadest suuremat pattu ja talle ei andestata seda. Kui keegi tegi seda pattu, kuna ta ei teadnud paremini, peab ta oma tegu tunnistama ja täielikult meelt parandama ning ei tohi kunagi enam seda pattu teha. Inimesed langevad niisuguste pattude tõttu needuse alla. Traagilised sündmused, õnnetused ja haigused tabavad neid ja neile ei anta ka usku.

4) Eliisat pilganud noorukid ja muud sarnased juhtumid

Eliisa oli vägev jumalasulane, kes suhtles Jumalaga ja kellel oli Jumala tagatis. Kuid 2. Kuningate 2. peatükis on juhtum, kus suur hulk noorukeid tuli rühmana ja nad käisid Eliisal sabas ja pilkasid teda. Nad olid nii kurjad, et nad käisid tal sabas linna keskelt linnast välja minnes ja hüüdsid: „Tule üles, kiilaspea! Tule üles, kiilaspea!" Lõpuks ei suutnud Eliisa seda enam taluda ja needis neid Isanda nimel. Siis tulid kaks emakaru metsast välja ja kiskusid neist nelikümmend kaks noorukit lõhki. Kuna Piiblis on kirjas, et kõik nelikümmend kaks noorukit surid, võime me järeldada, et Eliisat tüütas tegelikult palju rohkem noorukeid.

Needused ja õnnistused, mis tulevad Jumala tagatisega jumalasulaselt, sünnivad täpselt väljarääkitu kohaselt. Eriti kui te pilkate, laimate või räägite kuulujutte jumalainimese kohta, on see otsekui Jumala laimamine ja pilkamine. Sellepärast on see Jumala vastu minekuga samaväärne tegu.

Ja mis juhtus juutidega, kes lõid Jeesuse risti ja karjusid, et tulgu Ta veri nende ja nende järeltulijate peale? 70 A.D. hävitas Rooma kindral Tiitus ja tema sõjavägi Jeruusalemma täiesti. Sel ajal tapeti kokku 1,1 miljonit juuti. Pärast seda hajusid juudid kogu maailmas laiali ja neid alandati ja kiusati igat moodi taga. Siis tapsid taas natsid jällegi kuus miljonit juuti. Nii nagu te näete, Jumala vastu mässamine ja Tema tahte vastu minek toob kaasa tohutusuured tagasilöögid.

Eliisa sulane Geehasi oli sarnases olukorras. Eliisa oli tule kaudu vastuse saanud Eelija jünger, kes sai oma õpetajaga võrreldes topeltportsjoni Vaimu sisendust. Seega, Eliisa taolise ülemuse teenimisvõimalus oli juba suur õnnistus. Geehasi nägi oma silmaga palju tunnustähti, mida Eliisa tegi. Kui ta oleks Eliisa sõna kuulnud ja tema õpetuse hästi vastu võtnud, oleks ta tõenäoliselt saanud ka suurema väe ja rohkem õnnistusi. Kahjuks ei suutnud Geehasi seda teha.

Kord tegi Eliisa Jumala väega terveks Aramea väepealiku Naamani, kellel oli pidalitõbi. Naaman tundis nii suurt meeleliigutust, et ta tahtis Eliisale midagi kingiks anda. Aga Eliisa lükkas ta anni selgelt tagasi. Ta tegi seda, sest selle anni mitte vastuvõtmine tõi Jumalale suuremat au.

Kuid Geehasi ei saanud oma isanda tahtest aru ja oli materialismi poolt pimestatud. Ta jooksis väepealik Naamanile järele, valetas talle ja sai oma kingitused. Ta tõi need annid endaga kaasa ja peitis ära. Eliisa teadis juba, mis juhtus ja andis Geehasile meeleparanduseks võimaluse, kuid ta salgas, kui teda süüdistati ja ei parandanud meelt. Selle tulemusel tabas Geehasit Naamani pidalitõbi. See ei olnud üksnes Eliisa tahte vastane tegu, vaid ta tegutses Jumala tahte vastu.

5) Pühale Vaimule valetamine

Apostlite tegude 5. peatükis on sündmus, kus abielupaar – Ananias ja Safiira, valetavad Peetrusele. Nad olid algkoguduse liikmed ja otsustasid oma vara müüa ja raha Jumalale ohvrianniks anda. Aga kui nad raha tegelikult kätte said, võttis ahnus neis võimust. Seega nad andsid ainult osa rahast ja valetasid, et see oli kogu raha. Nad mõlemad surid selle teo tulemusel, kuna nad ei valetanud üksnes inimesele, vaid Jumalale ja Pühale Vaimule. Nad panid Isanda Vaimu proovile.

Me jagasime üksnes mõned näited, kuid neile lisaks on palju juhtumeid, mil inimesed lähevad Jumala tahte vastu. Jumala käsuseadus ei eksisteeri, et meid karistada, kuid see on olemas, et aidata meil aru saada, mis on patud, et juhatada meid nende võitmiseks Jeesuse Kristuse väele toetuma ja lõpuks, et viia meid Jumala rikkalikke õnnistusi saama. Seega, vaatame kõiki oma tegusid uuesti tagasivaatest, et näha, kas miski neist läks kunagi Jumala tahte vastu ja kui see juhtus, peaksime me täieliku kannapöörde tegema ja vaid Jumala tahte järgi tegema.

Sõnastik

Ahi ja õled

„Ahi" on suletud kamber, mis tehakse kuumaks, et kütta hooneid, hävitada jäätmeid, maaki sulatada või selitada jne. Piiblis kasutatakse sõna „ahi" Jumala katsumuste, kohtuotsuste, põrgu jms tähistamiseks. Taanieli kolm sõpra – Saadrak, Meesak ja Abednego keeldusid kummardamast kuldkuju, mille Nebukadnetsar lasi püstitada, seega nad visati tulisesse ahju. Kuid Jumala abiga tulid nad sealt elusalt ja viga saamata välja (Taaniel 3. peatükk).

„Õled" on pekstud vilja kõrred, mida kasutatakse loomade aseme materjaliks ja toiduks, õlgkatuse tegemiseks ja põimimiseks või punumiseks, nagu korvide tegemisel. Piiblis tähistavad „õled" sümboolselt midagi väga tähtsusetut ja väärtusetut.

Mis on kõrkus?

Kõrkus tähendab teiste inimeste enesest vähemväärtuslikuks pidamist. See tähendab teiste peale ülalt alla vaatamist ja arvamist, et „mina olen neist parem". Üks kõige tüüpilisematest olukordadest, mil niisugust liiki uhkus inimeses esile tuleb, on see, kui inimene arvab, et mingi organisatsiooni või rühma juhataja armastab ja tunnustab teda liikmena. Jumal kasutab vahel komplimentide tegemise meetodit, et inimene võiks aru saada, kas ta on uhke iseloomuga.

Üks kõige tavalisematest kõrkuse liikidest on teiste üle kohtumõistmine ja nende hukkamõist. Me peame olema eriti ettevaatlikud, et meis ei oleks vaimset uhkust, mis paneb meid teiste üle kohut mõistma Jumala Sõnaga, mis on ette nähtud rangelt selleks, et seda enese üle mõtisklemise alusena kasutada. Vaimne uhkus on väga ohtlik kurjuse liik, sest seda ei ole lihtne näha ja seega me peame olema eriti ettevaatlikud, et meis ei oleks vaimset kõrkust.

14. peatükk

„Nii ütleb Vägede Jehoova..."

„Sest vaata, päev tuleb, põlev nagu ahi, ja kõik ülbed ja kõik, kes pattu teevad, on nagu kõrred. Ja see päev, mis tuleb, põletab nad ära, ütleb vägede Isand, ega jäta neile ei juurt ega oksa. Aga teile, kes te mu nime kardate, tõuseb õiguse päike ja paranemine tema tiibade all. Te lähete siis välja ja lööte kepsu nagu nuumvasikad. Ja te tallate õelaid, sest need saavad põrmuks teie taldade all sel päeval, mille ma valmistan, ütleb vägede Isand."
(Malaki 4:1-3)

Jumal viib iga asja kohtuse, ka selle, mis on varjatud, olgu see siis hea või kuri (Koguja 12:14). Me võime inimkonna ajalugu vaadates näha, et see on kindel. Uhke inimene taotleb omakasu. Ta vaatab teistele ülalt alla ja kogub kurjust, et suurt rikkust saada. Aga teda ootab lõpuks häving. Aga vastupidiselt, alandlik inimene, kes austab Jumalat, võib näida rumal või ta võib alguses raskustes olla, kuid lõpuks õnnistatakse teda väga ja kõik inimesed austavad teda.

Jumal paneb vastu ülbeile

Võrrelge kahte naist Piiblis: Vastit ja Estrit. Kuninganna Vasti oli Pärsia impeeriumi kuninga – kuningas Ahasverose kuninganna.

Ühel päeval korraldas kuningas Ahasveros võõruspeo ja palus, et kuninganna Vasti toodaks peol tema ette. Kuid Vasti tundis oma positsiooni ja kirjeldamatu ilu tõttu uhkust ja keeldus kuninga korraldust täitmast. Kuningas läks väga vihaseks ja eemaldas kuninganna tema positsioonilt. Mis oli erinev Estri olukorras, kes tõusis pärast Vastit kuninganna positsioonile?

Ester, kes tõusis kuninganna positsioonile, oli algselt juudi vang, kes toodi Paabelisse kuningas Nebukadnetsari valitsuse ajal. Ester ei olnud vaid ilus – ta oli ka tark ja alandlik. Sel ajal oli ta rahvas suurtes raskustes Haamani nimelise amaleki tõttu. Siis paastus ja palvetas Ester kolm päeva ja otsustas, et kui ta peab, siis ta hukkub ja puhastas end, riietus kuninglikku rüüsse ja läks alandlikult kuninga ette. Kuna ta tegutses väga alandlikult kuninga ja kõigi teiste inimeste ees, ei pälvinud ta üksnes kuninga armastust ja usaldust, vaid sai ka teoks teha oma rahva päästmise suure ülesande.

Kuna Jakoobuse 4:6 kirjutatakse: „Jumal paneb vastu ülbeile, aga alandlikele annab armu!", ei või me kunagi muutuda uhkeks inimeseks, kelle Jumal välja viskab. Ja nii nagu kirjutatakse Malaki 3:19: „Kõik ülbed ja kõik, kes pattu teevad, on nagu kõrred", sõltuvalt sellest, kas inimene kasutab oma tarkust, teadmisi ja võimu heaks või halvaks, on tulemus tunduvalt erinev. Taavet ja Saul on hea näide selle kohta.

Kui Taavet sai kuningaks, mõtles ta esiteks Jumala peale ja järgis Tema tahet. Jumal õnnistas Taavetit, sest ta palvetas Ta ees alandlikult ja otsis tarkust, et teada, kuidas tugevdada riiki ja oma rahvale rahu tuua..

Aga ahnus sai Sauli üle võimust ja ta muretses, et ta võib kaotada oma koha kuningana ning raiskas palju aega, et tappa Taavetit, keda Jumal ja tema rahvas armastasid. Kuna Saul oli uhke, ei kuulanud ta prohveti etteheiteid. Lõpuks ütles Jumal temast lahti ja ta suri armetult lahingu ajal.

Seega me peaksime uhkusest täiesti vabanema, mõistes selgelt, kuidas Jumal mõistab uhkete üle kohut. Kui me vabaneme uhkusest ja muutume alandlikuks, on Jumalal meist hea meel ja Ta püsib meiega palvevastuste kaudu. Õpetussõnades 16:5 öeldakse: „Iga südamelt ülbe on Isanda meelest jäle, käsi selle peale - seesugune ei jää karistuseta!". Jumal vihkab uhket südant nii palju, et igaühte, kes uhke inimesega käsi kokku lööb, karistatakse temaga koos. Kurjadel on kalduvus kurjade seltsis viibida ja head nimesed kalduvad heade seltsis viibima. Ka selline jõudude ühendamine tuleb uhkusest.

Kuningas Hiskija uhkus

Vaatame lähemalt, kui palju Jumal vihkab uhkust. Iisraeli

kuningate seas olid paljud, kes alustasid valitsemist Jumalat armastades ja Tema tahet tehes, kuid kes muutusid aja jooksul uhkeks, läksid Jumala tahte vastu ja olid Talle sõnakuulmatud. Üks neist kuningatest oli lõunas asuva Juuda kuningriigi 13. kuningas Hiskija.

Jumal armastas kuningas Hiskijat, kes sai kuningaks pärast oma isa Aahast, sest ta oli aus, nagu Taavetki. Ta eemaldas võõrad altarid ja ohvrikünkad ja lasi pühad sambad kogu riigis maha tõmmata. Ta puhastas riigi täielikult kõigist ebajumalatest, mida Jumal vihkab – nagu Aaseri viljakustulbad, mis ta lasi maha raiuda (2. Ajaraamat 29:3-30:27).

Aga kui riigis hakkasid esinema poliitilised raskused eelmise, korratu ja ebaõiglase kuninga vigade tõttu, liitus kuningas Hiskija naabruses olevate maadega – Egiptuse, vilistide, Siidoni, Moabi ja Ammoniga. Jesaja tegi kuningas Hiskijale mitu korda etteheiteid, kuna ta sooritas mõtlematu teo, mis läks Jumala tahte vastu.

Kuninga Hiskija oli uhkust täis ja ei kuulanud Jesaja hoiatusi. Lõpuks jättis Jumal Juuda rahule ja Assüüria kuningas Sanherib tungis Juudale kallale ja võitis selle. Seega, kuningas Sanherib vallutas Juuda ja võttis 200 000 inimest vangi. Ja kui kuningas Sanherib nõudis, et kuningas Hiskija maksaks talle tohutusuurt kahjutasu, täitis Hiskija need nõuded templist ja paleest kallid kaunistused ära võttes ja riigikassat tühjendades. Templis olnut ei oleks suvaline isik puudutada võinud. Aga kuna Hiskija andis pühad esemed omavoliliselt ja oma ellujäämiseks ära, pidi Jumal temalt paratamatult oma palge pöörama.

Kui Sanherib jätkas Hiskija ähvardamist isegi pärast

tohutusuure kahjutasu saamist, mõistis Hiskija lõpuks, et ta ei saanud oma jõuga midagi ette võtta ja läks Jumala ette. Ta palvetas, parandas meelt ja hüüdis Jumalat appi. Selle tõttu Jumal halastas ta peale ja põrmustas Assüüria. Me võime sama õppetundi kogeda oma perekonnas, tööl, ettevõtmistes ja suhetes ligimestega ning õdede-vendadega. Uhke inimene ei suuda armastust vastu võtta, rääkimata abist häda ajal.

Usklike uhkus

Kurjad vaimud ei saa minna Jumalat uskuva inimese sisse, sest Jumal kaitseb teda. Aga on juhtumeid, mil kurjad vaimud sisenevad inimestesse, kes väidavad, et nad on usklikud. Kuidas saab see juhtuda? Jumal seisab uhketele vastu. Seega, kui inimene muutub uhkeks, kuni Jumal pöörab temalt oma palge, võivad kurjad vaimud temasse siseneda. Kui inimene muutub vaimselt uhkeks, võib saatan panna kurjad vaimud tema üle võimust võtma ja teda valitsema ning teda kurje tegusid tegema panna.

Isegi kui ei ole tegu seestumisega, kui usklik muutub vaimselt uhkeks, võib ta tõe vastu minna ja selle tulemusel kannatada. Kuna ta ei kuuletu Jumala Sõnale, ei ole Jumal temaga ja ta elus ei edene kõik. Nii nagu kirjutatakse Õpetussõnades 16:18: „Uhkus on enne langust

ja kõrkus enne komistust", uhkus ei ole kuidagi kasulik. Me peame teadma, et vaimne uhkus on absoluutne parasiit, mis tuleb täielikult ära hävitada.

Kuidas siis usklikud teavad, kas nad on uhked? Uhke inimene peab end õigeks ja ei suhtu teiste kriitikasse väga hästi.

Jumala Sõna järgi mitte tegemine on samuti üks uhkuse liike, sest see näitab, et inimene ei austa Jumalat. Kui Taavet rikkus Jumala käsku ja tegi pattu, noomis Jumal teda karmilt ja ütles: „Mispärast sa oled põlanud Isanda sõna?" (2. Saamueli 12:10). Seega, mitte palvetamine, mitte armastamine, mitte kuuletumine ja oma silmas palgi mitte nägemine ja teise silmas pinnule osutamine on näited uhkusest.

Teistele ülalt alla vaatamine, nende üle oma standardite järgi kohut mõistes ja neid hukka mõistes, iseenesest kiitlemine, teistele ennast näidata püüdmine, on uhkuse liigid. Iga võimaluse kasutamine, et vaidlustesse ja sõnelustesse sekkuda, on samuti uhkuse vormid. Kui te olete uhke, te soovite, et teid teenitakse ja tahate tippu jõuda. Ja kui te püüate omakasu saada ja omale nime teha, hakkab teie kurjus kogunema.

Te peate niisugust tüüpi uhkusest meelt parandama ja muutuma alandlikuks inimeseks, et teil võiks olla edukas ja rõõmurohke elu. Sellepärast ütles Jeesus: „Tõesti, ma ütlen teile, kui te ei pöördu ega saa kui lapsed, ei pääse te taevariiki!" (Matteuse 18:3). Kui inimene muutub südames uhkeks ja arvab, et tal on alati õigus ja püüab alati oma eneseväärikust kaitsta ja omi mõtteid kaasata, ei saa ta Jumala Sõna vastu võtta täpselt niisugusena, nagu see on ja selle järgi teha – seega ta ei pruugi isegi pääseda.

Valeprohvetite uhkus

Kui vaadata Vana Testamenti, näeme me aegu, millal kuningad pärisid prohvetite käest tulevikku puudutava kohta ja tegid nende nõu järgi. Kuningas Ahab oli Iisraeli põhjapoolse kuningriigi seitsmes kuningas ja tema surma ajal kummardati riigisiseselt valdavalt baale ning välisrindel oli Arami relvastatud kallaletungi tõttu sõda täies jõus. See juhtus, kuna Ahab keeldus prohvet Miika hoiatusi tähele panemast ja usaldas selle asemel hoopis valeprohvetite sõnu.

1. Kuningate 22. peatükis palub kuningas Ahab, et Juuda kuningas Jehoosafat liituks temaga, et Arami kuninga käest Raamot-gilead tagasi võtta. Sel ajal soovitas Jumalat armastav kuningas Jehoosafat, et nad küsiksid enne otsuse langetamiseks esiteks prohveti käest nõu. Siis kutsus kuningas Ahab kokku umbes nelisada valeprohvetit, kes meelitasid teda alati ja küsis neilt nõu. Nad kuulutasid üksmeelselt Iisraeli võitu.

Aga tõeline prohvet Miika kuulutas prohvetlikult kaotust. Lõpuks jäeti Miika prohvetikuulutus tähelepanuta ja kaks kuningat ühinesid ja läksid Arami vastu sõtta. Mis oli selle tulemus? Sõda lõppes ja kumbki pool ei saanud võitu. Ja kuningas Ahab, kes aeti nurka, maskeeris end sõjameheks, et hiilida lahinguväljalt minema, kuid ta sai suvalise noolega pihta ja suri verekaotuse tõttu. See oli tulemus, kuna Ahab kuulas valeprohvetite prohvetlikke ennustusi ja ei kuulanud tõelist prohvetit Miikat. Valeprohvetid ja valeõpetajad langevad Jumala kohtumõistmise alla. Nad visatakse põrgusse – väävlijärve, mis on tulejärvest seitse korda tulisem (Johannese ilmutus 21:8).

Tõeline prohvet, kellega on Jumal, on Jumala ees õige südamega ja on seega võimeline õieti prohvetlikult kuulutama. Valeprohvetid, kes kannavad vaid tiitlit või kel on suurustlev positsioon, räägivad oma mõtteid, otsekui oleks need prohvetikuulutused ja viivad oma riigi hävingusse või oma inimesed eksiteele. Kui me kuulame hea ja tõese inimese sõnu, olgu siis tegu perekondliku institutsiooni, riigi või kogudusega, on meil rahu, kui me järgime headust. Aga kui me järgime kurja inimese rada, kogeme me kannatust ja hävingut.

Uhkelt ja kurjalt tegutsevate inimeste kohus

1. Timoteose 6:3-5 öeldakse: „Kui keegi õpetab teisiti ega jää meie Isanda Jeesuse Kristuse tervete sõnade ja jumalakartusele vastava õpetuse juurde, siis see on iseennast täis ega saa millestki aru, vaid on haige vaidlemisest ja sõnelemisest, millest tekib kadedust, riidu, teotust, kurje kahtlustusi, lõputuid hõõrumisi inimeste vahel, kes on mõistuse poolest rikutud ja ilma jäänud tõest, ning kes arvavad jumalakartuse olevat tuluallika."

Jumala Sõnas sisaldub kogu headus; seega ei ole vaja mingit muud õpetust. Kuna Jumal on täiuslik ja hea, on ainult Tema õpetused tõesed. Aga upsakad inimesed, kes ei tea tõde, räägivad eri õpetustest ja esitavad väiteid ja kiitlevad iseendist. Kui me esitame „vastuolulisi küsimusi", me vaidleme ja ütleme, et vaid meil on õigus. Kui me „vaidleme sõnaliselt", tähendab see, et me tõstame häält ja vaidleme sõnu kasutades. Kui meis on „kadedust", tähendab see, et me tahame kahju kellelegi, kui neid armastatakse meist enam. Me tekitame „riidu", kui me sekkume vaidlustesse, mis põhjustavad inimestevahelisi lahkhelisid. Kui me muutume niimoodi ennasttäis, muutub meie süda rikutuks ja me teeme liha tegusid, mida Jumal vihkab.

Seega, kui uhke inimene ei paranda meelt ega pöördu oma teedelt, pöörab Jumal temalt oma palge ja tema üle mõistetakse kohut. Hoolimata sellest, kui palju ta ka ei hüüaks „Isand!, Isand!" ja ei tunnistaks oma usku Jumalasse, kui ta ei paranda meelt ja jätkab kurja tegemist, visatakse ta kohtupäeval muude sõkaldega põrgutulle.

Jumalakartlike õiglaste inimeste õnnistused

Inimene, kes usub tõesti Jumalat, lammutab oma uhkuse ja kurjad teod, et saada õigeks inimeseks, kes on jumalakartlik. Mida tähendab jumalakartlikkus? Õpetussõnades 8:13 öeldakse: „Isanda kartus on kurja vihkamine. Ma vihkan kõrkust ja ülbust, halbu eluviise ja pöörast suud." Kui me vihkame kurja ja vabaneme igasugusest kurjusest, muutume me inimesteks, kes tegutsevad Jumala arvates õieti.

Niisugustele inimeste peale valab Jumal oma rikkalikku armastust ja annab neile pääsemise, palvevastused ja õnnistused. Jumal ütleb: „Aga teile, kes te mu nime kardate, tõuseb õiguse päike ja paranemine tema tiibade all. Te lähete siis välja ja lööte kepsu nagu

nuumvasikad. Ja te tallate õelaid, sest need saavad põrmuks teie taldade all sel päeval, mille ma valmistan, ütleb vägede Isand" (Malaki 3:20-21).

Jumal õnnistab neid, kes kardavad Jumalat ja peavad Tema käske, mis kehtib igaühe kohta (Koguja 12:13), rikkuse, au ja eluga (Õpetussõnad 22:4). Sellepärast nad saavad palvevastused ja tervenemise ja õnnistused, et nad võiksid kepselda nagu nuumvasikad ja tõelist rõõmu tunda.

2. Moosese 15:26 ütleb Jumal: „Kui sa tõesti kuulad Isanda, oma Jumala häält ja teed, mis õige on Tema silmis, paned tähele Tema käske ja täidad kõiki Tema korraldusi, siis ma ei pane su peale ainsatki neist tõbedest, mis ma panin egiptlaste peale, sest mina olen Isand, su ravija." Seega, hoolimata sellest, milline haigus tema suunas ka ei liiguks, jumalakartlik inimene saab terveks ja elab tervena ja lõpuks läheb ta Taevasse ja kogeb igavest austust ja au.

Seetõttu tuleb meil iseend hoolikalt uurida. Ja kui me leiame mingisugust uhkust või kurjust endas, tuleb meil meelt parandada ja neist kurjadest viisidest pöörduda. Lõpuks, saagu meist õiged inimesed, kes on alandlikult ja teenivalt jumalakartlikud.

15. peatükk

Patu kohta, õiguse kohta ja kohtu kohta

"Kuid ma ütlen teile tõtt: teile on parem, et ma lahkun, sest kui ma ei lahkuks, ei tuleks Lohutaja teie juurde, aga kui ma ära lähen, siis ma saadan Tema teie juurde. Ja kui Ta tuleb, siis Ta toob maailmale selguse patu kohta ja õiguse kohta ja kohtu kohta: patu kohta, et nad ei usu minusse; õiguse kohta, et ma lähen Isa juurde ja teie ei näe mind enam; kohtu kohta, et selle maailma vürst on süüdi mõistetud."
(Johannese 16:7-11)

Kui me usume Jeesust Kristust ja avame oma südame, et Teda oma Päästjaks vastu võtta, annab Jumal meile Püha Vaimu anni. Püha Vaim juhib meid uuesti sündima ja aitab meil Jumala Sõnast aru saada. Ta tegutseb paljudel eri meetoditel, näiteks Ta juhib meid elama tões ja viib meid täielikule pääsemisele. Sellepärast tuleb meil Püha Vaimu kaudu teada saada, mis on patt ja osata õige ja vale erinevusest aru saada. Me peame ka õppima, kuidas õiglaselt tegutseda, et me võiksime minna Taevasse ja vältida põrgukaristust.

Patu kohta

Jeesus rääkis oma jüngritele, kuidas Ta pidi ristisurma surema ja kannatustest, mis jüngritel eel seisid. Ta julgustas neid ka sellega, et Ta rääkis neile, kuidas Tema surnuist elluärkamise ja taevasseminekuu järgi tuli Püha Vaim ja kõigist imelistest asjadest, mida nad selle tulemusel said. Jeesuse taevasseminek oli Aitaja Püha Vaimu saatmise jaoks vajalik samm.

Jeesus ütles, et kui Püha Vaim tuleb, veenab Ta maailma patu, õiguse ja kohtu asjus. Aga mida tähendab see, et Püha Vaim „toob maailmale selguse patu kohta"? Nii nagu kirjutatakse Johannese 16:9 „patu kohta, et nad ei usu minusse", on Jeesuse Kristuse mitte uskumine patt ja see tähendab, et nende inimeste üle, kes Teda ei usu, mõistetakse lõpuks kohut. Aga miks on Jeesuse Kristuse mitte uskumine patt?

Armastuse Jumal saatis oma ainusündinud Poja Jeesuse Kristuse sellesse maailma, et ta avaks Aadama sõnakuulmatuse tõttu patu orjaks saanud inimkonnale pääsemise tee. Jeesus suri ristil ja lunastas inimkonna kõigist pattudest, avas päästeukse ja sai ainsaks Päästjaks. Seetõttu on seda tõsiasja teades selle mitte uskumine patt. Ja inimene, kes ei võta Jeesust Kristust oma Päästjaks, ei saa pattude andestust ning jääb seega patuseks.

Miks Ta mõistab patule vastavalt kohut

Me võime näha lihtsalt kogu loodu peale vaadates, et Looja Jumal on olemas. Roomlastele 1:20 öeldakse: „Tema nähtamatu olemus, Tema jäädav vägi ja jumalikkus on ju maailma loomisest peale nähtav, kui mõeldakse Tema tehtule, nii et nad ei saa endid vabandada." See tähendab, et keegi ei saa end vabandada, et nad ei uskunud, kuna nad ei tundnud Jumalat.

Isegi väike käekell ei lähe lihtsalt iseenesest juhuslikult kokku ilma inimeseta, kes selle kavandab ja valmis teeb. Aga kuidas oleks saanud kõige keerukam ja detailsem universum lihtsalt iseenesest juhuslikult moodustuda? Inimene võib Jumala jumalikku ja igavest väge näha üksnes universumit nähes.

Ja tänapäeval ja sellel ajastul näitab Jumal end, ilmutades imesid ja tunnustähti inimeste kaudu, keda Ta armastab. Paljud inimesed on tänapäeval tõenäoliselt kogenud, et neile on keegi vähemalt korra evangeeliumi kuulutanud, et nad usuksid Jumalat, sest Ta on reaalselt olemas. Mõned inimesed on võib-olla isegi kogenud imet või sellest kellegi tunnistust kuulnud. Kui inimene ei usu isegi pärast niisuguseid imede ja tunnustähtede nägemist ja neist kuulmist, sest ta süda on kalestunud, siis ta läheb lõpuks surma teed. See on, millest räägitakse Pühakirjas, et Püha Vaim „toob maailmale selguse patu kohta."

Inimesed ei võta evangeeliumi tavaliselt vastu, sest nad elavad patust elu, omakasu taotledes. Nad arvavad, et see maailm on kõik ja ei suuda uskuda Taevast ja igavest elu. Matteuse 3. peatükis hüüdis Ristija Johannes, et inimesed parandaksid meelt, sest taevariik on lähedal. Ta ütles ka: „Kirves on juba pandud puude juurte külge. Iga puu, mis ei kanna head vilja, raiutakse nüüd maha ja visatakse tulle" (10. salm) ja „Tal on visklabidas käes ja Ta puhastab oma rehealuse ning kogub oma nisud aita, aga aganad põletab ta ära kustutamatu tulega" (12. salm).

Põllumees külvab, kasvatab ja koristab vilja. Siis viib ta vilja aita ja eraldab sõklad. Jumalaga on samamoodi. Jumal kasvatab inimkonda ja Ta viib oma tõelised lapsed, kes elavad tões, igavesse ellu. Kui nad ajavad maailma taga ja jäävad patusteks, peab Ta nad rahule jätma, et nad läheksid hävingu teed. Seega, et saada viljaks ja pääseda, tuleb meil saada õigeks ja Jeesust Kristust usus järgida.

Õiguse kohta

Jeesus tuli Jumala ettehoolde raames maailma ja suri ristil, et inimese patuprobleem lahendada. Kuid Ta suutis võita surma, ellu ärgata ja Taevasse minna, sest Tal ei olnud pärispattu ja Ta ei teinud ise mingit pattu ning elas õieti. Johannese 16:10 ütles Jeesus: „Õiguse kohta, et ma lähen Isa juurde ja teie ei näe mind enam;" Need sõnad sisaldavad varjatud tähendust.

Kuna Jeesusel ei olnud mingit pattu, suutis Ta täita oma maailma tuleku missiooni. Surm ei saanud teda siduda ja Ta ärkas ellu. Ta läks ka Isa Jumala juurde, et saada ülestõusmise esmaviljana Taevasse. Ta kutsub seda „õiguseks". Seega, kui me võtame vastu Jeesuse Kristuse, saame me Püha Vaimu anni ja meile antakse jumalalapseks saamise meelevald. Jeesuse Kristuse vastuvõtmise kaudu muutume me kuradi lastest uuestisündnud pühadeks jumalalasteks.

Seda tähendab pääsemise vastuvõtmine seekaudu, et meid kutsutakse „õigeks" usu läbi. See ei tähenda, et me oleksime pääsemise väärimiseks midagi teinud. Me võtame pääsemise ainult usu kaudu vastu ja ei maksa selle eest midagi. Sellepärast peaksime me alati Jumalale tänulik olema ja õiglaselt elama. Me võime taastada Jumala kuju, kui me võitleme patu vastu verevalamiseni ja vabaneme sellest, et Isanda südant jäljendada.

Miks Ta mõistab õigusele vastavalt kohut

Kui me ei ela õiglaselt, pilkavad meid isegi uskmatud. Usk on täielik, kui sellega kaasnevad teod ja usk ilma tegudeta on surnud usk (Jakoobuse 2:17). Siis mõistavad uskmatud oma perspektiivist meie üle kohut ja taunivad meid, öeldes: „Sa ütled, et sa käid koguduses ja sa jood ja suitsetad ikkagi? Kuidas sa saad ringi käia ja pattu teha ja end Kristuse järgijaks pidada?!" Seega kui te olete usklikuna Püha Vaimu saanud, kuid ei ela õiget elu, mõistetakse teie üle seetõttu kohut. Seda kutsutakse Pühakirjas „kohtuks õiguse tõttu".

Sel puhul noomib ja distsiplineerib Jumal Püha Vaimu läbi oma last, et ta ei jätkaks patus elamist. Seega, Jumal lubab teatud tüüpi katsumusi ja raskusi tulla mõne inimese perekonda, töökohta, ettevõtmistesse või neile endile, et neid tagant tõugata õige inimesena elama. Lisaks, kuna vaenlane kurat ja saatan esitavad nende vastaseid süüdistusi, peab Jumal vaimuseaduse järgi katsumustel tulla lubama.

Kirjatundjad ja variserid olid kindlad, et nad elasid õieti, sest nad arvasid, et nad tundsid käsuseadust väga hästi ja pidasid sellest rangelt kinni. Kuid Jeesus ütleb meile, et kui meie õigus ei ületa kirjatundjate ja variseride oma, ei pääse me taevariiki sisse (Matteuse 5:20). Lihtsalt „Isand, Isand" hüüdmine ei tähenda ilmtingimata pääsemise olemasolu. Selleks, et Taevast oma valdusse saada, tuleb meil uskuda Isandat kogu südamest, vabaneda pattudest ja õiguses olla.

„Õiglane elu" ei tähenda lihtsalt Jumala Sõna kuulmist ja seda pelgalt teadmiste näol peast teadmist. See tähendab õige inimesena olemist, uskudes Tema Sõna oma südames ja selle järgi tehes. Kujutage lihtsalt ette, kui Taevas oleks täis pettureid, röövleid, valetajaid, abielurikkujaid, armukadedaid inimesi jne. Jumal ei kasvata inimkonda, et sõklaid Taevasse viia! Jumala eesmärk on viia Taevasse vili ehk õiglased inimesed.

Kohtu kohta

Johannese 16:11 öeldakse: „...kohtu kohta, et selle maailma vürst on süüdi mõistetud." Siin tähistab „selle maailma vürst" vaenlast kuradit ja saatanat. Jeesus tuli siia maailma inimkonna pattude tõttu. Ta lõpetas õiguse töö ja üle jäi viimane kohtumõistmine. Aga me võime ka öelda, et viimane kohtumõistmine on teostatud, sest inimene võib pattude andestuse saada ja pääseda ainult usu läbi Jeesusesse Kristusesse.

Need, kes ei usu, lähevad lõpuks põrgusse, seega nad justkui oleksid oma kohtuotsuse juba saanud. Sellepärast öeldakse Johannese 3:18-19: „Kes Temasse usub, selle üle ei mõisteta kohut, ja kes ei usu, selle üle on kohus juba mõistetud, sest ta ei ole uskunud Jumala ainusündinud Poja nimesse. Ent kohus on see, et valgus on tulnud maailma, aga inimesed on armastanud pimedust enam kui valgust, sest nende teod on kurjad."

Kuid mida me saame teha, et kohtumõistmist vältida? Jumal käskis meil olla kaine mõtlemisega, õiglaselt käituda ja lõpetada patu tegemine (1. Korintlastele 15:34). Ta käskis meil ka hoiduda igasugust liiki kurjast (1. Tessaloniklastele 5:22). Selleks, et tegutseda Jumala arvates õieti, tuleks meil ülima kindlusega vabaneda välistest pattudest, kuid me peame vabanema ka isegi vähimastki kurjusest.

Kui me vihkame kurjust ja otsustame püsida headuse juures, saame me pattudest vabaneda. Te võite küsida: „Isegi ühest patust on väga raske vabaneda, kuidas ma saan siis kõigist pattudest vabaks?" Mõtelge selle peale niimoodi. Puujuuri on äärmiselt raske ühekaupa välja tõmmata. Aga kui peajuur välja tõmmata, tulevad ka muud väiksemad alamjuured automaatselt välja. Samamoodi, kui te keskendute esiteks kõige raskemast patust vabanemisele paastudes ja innukalt palvetades, mil iganes võimalik, võite te ka muudest patustest loomuomadustest vabaneda sellest ühest patust vabanemise kaudu.

Inimsüdames on lihahimu, silmahimu ja hooplev elukõrkus. Need kuuluvad paljude vaenlaselt kuradilt tulnud kurjuseliikide hulka. Sellepärast ei saa inimene neist pattudest lihtsalt oma jõuga vabaneda. Sellepärast aitab Püha Vaim neid, kes näevad vaeva, et jõuda pühitsusele ja palvetada. Kuna Jumalal on nende vaevanägemisest hea meel, annab Ta neile armu ja jõudu. Kui need neli asja – Jumala arm ja ülalt tulev jõud, meie vaevanägemine ja Püha Vaimu abi – toimivad koos, siis saame me täiesti kindlalt pattudest vabaks.

Selle protsessi aset leidmiseks tuleb meil esiteks lõigata end lahti silmahimust. Kui miski on ebatõene, on meie jaoks kõige parem seda mitte näha ega kuulda ega isegi selle lähedal olla. Ütleme näiteks, et teismeline nägi videost või televiisorist midagi nilbet. Siis vallandub tema silmahimu kaudu himu tema südames ja stimuleerib südames asuvad lihalikud ihad. See paneb omakorda teismelise kurje kavatsusi hauduma ja kui need plaanid saavad teoks, võivad esineda igasugused probleemid. Sellepärast on meie kõigi jaoks niivõrd tähtis silmahimust vabaneda.

Matteuse 5:48 öeldakse: „Teie olge siis täiuslikud, nõnda nagu teie taevane Isa on täiuslik!" Ja 1. Peetruse 1:16 ütleb Jumal: „Olge pühad, sest mina olen püha!" Mõned inimesed võivad küsida: „Kuidas võib inimene muutuda täiuslikuks ja pühaks nagu Jumal?" Jumal tahab, et me oleksime pühad ja täiuslikud. Ja me ei saa seda oma jõuga teha. Kuid sellepärast läks Jeesus ristile ja sellepärast aitab meid Aitaja Püha Vaim. Lihtsalt see, kui keegi väidab, et ta on vastu võtnud Jeesuse Kristuse ja hüüab Teda appi sõnadega „Isand! Isand!", ei tähenda, et ta läheb Taevasse. Ta peab oma pattudest vabanema ja elama õiglaselt, et vältida kohtu alla sattumist ja et Taevasse minna.

Püha Vaim veenab maailma patus

Aga miks tuli Püha Vaim, et veenda maailma patu, õiguse ja kohtu kohta? See on nõnda, kuna maailm on kurjust täis. Täpselt samamoodi, kui me planeerime midagi, me teame, et sellel on olemas algus ja lõpp. Kui me vaatame tänapäeva maailma erinevaid märke, võime me näha, et lõpp on lähedal.

Looja Jumal on inimajaloo ülevaataja ja Tal on selge plaan selle alguse ja lõpu kohta. Kui Piiblist ajaloo kulgu näha, on seal selge vahe hea ja kurja vahel ja seal on selgelt seletatud, et patt viib surma ja õigus igavesse ellu. Jumal õnnistab neid, ks Teda usuvad ja püsib nendega. Kuid need, kes ei usu Teda, langevad lõpuks kohtu alla ja lähevad surma teed. Jumala kohtu hukatus ei tuku (2. Peetruse 2:3).

Samamoodi nagu Noa aegne veeuputus ja Aabrahami ajal toimunud Soodoma ja Komorra häving, kui inimese kurjus on jõudnud viimase piirini, tabab seda Jumala kohus. Jumal saatis selleks, et iisraellasi Egiptusest vabastada, Egiptuse peale kümme nuhtlust. See oli kohus, mis tabas vaaraot tema kõrkuse tõttu.

Ja umbes kaks tuhat aastat tagasi, kui Pompei muutus äärmise perverssuse ja dekadentluse tõttu väga rikutuks, hävitas Jumal selle vulkaanipursete loodusõnnetusega. Kui täna Pompeid külastada, siis on vulkaanituha alla mattunud linn säilunud täpselt samamoodi, nagu see nägi hävingu järgselt välja ja ainsa pilguga võib näha selle aja rikutust.

Ka Uues Testamendis noomis Jeesus kord silmakirjalikke kirjatundjaid ja varisere, korrates seitse korda: „Häda teile!" Selleks, et maailma kohtu ja põrgusse mineku eest hoida, tuleb maailma selle patus veenda ja seda noomida.

Matteuse 24. peatükis küsisid jüngrid Isanda käest, millised olid Tema tulemise ja selle ajastu lõpu märgid. Jeesus selgitas neile üksikasjalikult tulevast enneolematult suurt viletsuseaega.

Jumal ei ava taevaluuke ja vala sealt alla vett ega tuld, nii nagu Ta tegi minevikus, kuid Ta laseb tulla selle aja kohase kohtuotsuse.

Johannese ilmutuse raamatus kuulutatakse prohvetlikult ette kaasaegsete relvade ilmumist ja suurt hävingut kirjeldamatult suuremastaapse sõja tulemusena. Aga Jumala inimese kasvatamise plaani lõpus tuleb Suur kohtupäev. Ja kui see päev saabub, siis mõistetakse kohut igaühe üle, kes lähevad ja elavad selle tulemusel igavesti põrgus või igavesti Taevas. Seega, kuidas me peaksime just praegu elama?

Vabanege patust ja elage õiglast elu

Selleks, et kohut vältida, tuleb meil vabaneda pattudest ja õieti elada. Ja veelgi olulisem on see, et igaühel on vaja oma süda Jumala Sõna abil üles künda, täpselt nii nagu põllumees künnab põldu. Me peame kündma üles tee kõrval asuva maa, kivise maa ja ohakaid täis maa, et sellest saaks hea viljakas mullapinnas.

Aga vahel me mõtleme: „Miks Jumal jätab uskmatud rahule ja laseb mulle – usklikule – ikkagi niisuguseid raskusi osaks saada?" See sünnib, sest nii nagu lillebukett, millel pole juuri, näib pealispinnalt ilus, kuid tegelikult ei ole selles elu, on uskmatud juba kohtualused ja lähevad põrgusse – seega neid ei tule korrale kutsuda.

Jumal kutsub meid korrale, sest me oleme Tema lapsed ja mitte vallaslapsed. Sellepärast me oleme pigem tänulikud, kui Ta meid korrale kutsub (Heebrealastele 12:7-13). Nii nagu lapsevanemad distsiplineerivad oma lapsi, kuna nad armastavad neid ja tahavad neid õigele teele juhtida, isegi kui see peaks vitsa kasutamist tähendama, laseb Jumal vajaduse korral teatud raskustel meid tabada, kuna me oleme Tema lapsed, et meid pääsemisele viia.

Koguja 12:13-14 öeldakse: „Lõppsõna kõigest, mida on kuuldud: „Karda Jumalat ja pea Tema käske, sest see on iga inimese kohus! Sest Jumal viib kõik teod kohtusse, mis on iga salajase asja üle, olgu see hea või kuri." Õieti elamine tähendab elus inimese täiskohuse tegemist. Kuna Jumala Sõnas käsitakse meil palvetada, tuleks meil palvetada. Kuna Ta käsib meil hingamispäeva pidada, tuleks meil hingamispäeva pidada. Ja kui Ta keelab meil kohut mõista, ei tohiks me kohut mõista. Kui me niimoodi teeme, kui me peame Tema Sõnast kinni ja teeme selle järgi, saame me elu ja liigume igavese elu poole.

Seetõttu, ma loodan, et te uuristate kõik need sõnumid oma südamesse ja saate vilja taoliseks, kandes eneses 1. Korintlastele 13. peatükis kirjeldatud vaimset armastust, Püha Vaimu üheksat vilja (Galaatlastele 5:22-23) ja Õndsakskiitmiste õnnistusi (Matteuse 5:3-12). Ma palun Isanda nimel, et te seda tehes lihtsalt ei pääseks, vaid et teist saaksid ka jumalalapsed, kes paistavad nagu päike taevariigis.

Autor
Dr. Jaerock Lee

Dr Jaerock Lee sündis 1943. aastal Muanis, Jeonnami provintsis, Korea Vabariigis. Kahekümnesena oli Dr Lee mitmete ravimatute haiguste tõttu seitse aastat haige ja ootas surma ilma paranemislootuseta. Kuid õde viis ta ühel 1974. aasta kevadpäeval kogudusse ja kui ta põlvitas, et palvetada, tervendas elav Jumal ta kohe kõigist haigustest.

Hetkest kui Dr Lee kohtus selle imelise kogemuse kaudu elava Jumalaga, on ta Jumalat kogu südamest siiralt armastanud ja Jumal kutsus ta 1978. aastal end teenima. Ta palvetas tuliselt, et ta võiks Jumala tahet selgelt mõista ja seda täielikult teha ning kuuletuda kogu Jumala Sõnale. 1982. aastal asutas ta Manmini koguduse Seoulis, Lõuna-Koreas ja tema koguduses on aset leidnud arvukad Jumala teod, kaasa arvatud imepärased tervenemised ja imed.

1986. aastal ordineeriti Dr Lee Korea Jeesuse Sungkyuli koguduse aastaassambleel pastoriks ja neli aastat hiljem – 1990. aastal, hakati tema jutlusi edastama Austraalia, Venemaa, Filipiinide ülekannetes ja paljudes muudes kohtades Kaug-Ida ringhäälingukompanii, Aasia ringhäälingujaama ja Washingtoni kristliku raadiosüsteemi vahendusel.

Kolm aastat hiljem, 1993. aastal, valis Christian World (Kristliku maailma) ajakiri (USA) Manmini Keskkoguduse üheks „Maailma 50 tähtsamast kogudusest" ja Christian Faith College (Kristlik Usukolledž), Floridas, USA-s andis talle Teoloogia audoktori tiitli ja 1996. aastal sai ta Ph.D. teenistusalase kraadi Kingsway Teoloogiaseminarist Iowas, USA-s.

1993. aastast alates on Dr. Lee juhtinud maailma misjonitööd, viies läbi palju välismaiseid koosolekusarju Tansaanias, Argentinas, L.A.-s, Baltimore City's, Havail ja New York City's USA-s, Ugandas, Jaapanis, Pakistanis, Kenyas, Filipiinidel, Honduurasel, Indias, Venemaal, Saksamaal, Peruus, Kongo Rahvavabariigis, Iisraelis ja Eestis.

2002. aastal kutsuti teda Korea peamistes kristlikes ajalehtedes tema väelise teenistuse tõttu erinevatel väliskoosolekusarjadel „ülemaailmseks äratusjutlustajaks". Ta kuulutas julgelt, et Jeesus Kristus on Messias ja Päästja eriti „New Yorki 2006. aasta koosolekusarja" käigus, mis toimus maailma kuulsaimal laval Madison Square Gardenis ja mida edastati 220 riiki ja Jeruusalemma rahvusvahelises koosolekukeskuses toimunud „2009. aasta Iisraeli ühendkoosolekute sarja" käigus.

Tema jutlusi edastatakse 176 riiki satelliitide kaudu, kaasa arvatud GCN TV ja ta kuulus Venemaa populaarse kristliku ajakirja In Victory (Võidukas) ja uudisteagentuuri Christian Telegraph (Kristlik Telegraaf) sõnul 2009. ja 2010. aastal oma vägeva teleedastusteenistuse ja välismaiste koguduste pastoriks olemise tõttu kümne kõige mõjukama kristliku juhi sekka.

2016. aasta detsembrist alates koosneb Manmini Keskkogudus rohkem kui 120 000 liikmest. Kogudusel on 11000 sisemaist ja välismaist harukogudust, mille hulka kuuluvad 56 kodumaist harukogudust ja praeguseni on sealt välja lähetatud rohkem kui 102 misjonäri 23 maale, kaasa arvatud Ameerika Ühendriigid, Venemaa, Saksamaa, Kanada, Jaapan, Hiina, Prantsusmaa, India, Kenya ja paljud muud maad.

Tänaseni on Dr. Lee kirjutanud 105 raamatut, kaasa arvatud bestsellerid Tasting Eternal Life before Death (Maitsedes igavest elu enne surma), My Life My Faith I & II (Minu elu, minu usk I ja II osa), The Message of the Cross (Risti sõnum), The Measure of Faith (Usu mõõt), Heaven I & II (Taevas I ja II osa), Hell (Põrgu), Awaken Israel! (Ärka Iisrael!) ja The Power of God (Jumala vägi) ja tema teosed on tõlgitud enam kui 76 keelde.

Tema kristlikud veerud ilmuvad väljaannetes The Hankook Ilbo, The JoongAng Daily, The Chosun Ilbo, The Dong-A Ilbo, The Munhwa Ilbo, The Seoul Shinmun, The Kyunghyang Shinmun, The Korea Economic Daily, The Korea Herald, The Shisa News ja The Christian Press.

Dr. Lee on praegu mitme misjoniorganisatsiooni ja -ühingu asutaja ja president, kaasa arvatud The United Holiness Church of Korea (Korea Ühendatud Pühaduse Koguduse) esimees; Manmin World Mission (Manmini Maailmamisjoni) alaline president; The World Christianity Revival Mission Association (Ülemaailmse Kristliku Äratusmisjoni Liidu) asutaja; Global Christian Network (GCN) (Ülemaailmse Kristliku Võrgu CGN) asutaja ja juhatuse esimees; The World Christian Doctors Network (WCDN) (Ülemaailmse Kristlike Arstide Võrgu WCDN) asutaja ja juhatuse esimees; Manmin International Seminary (MIS) (Manmini Rahvusvahelise Seminari MIS) asutaja ja juhatuse esimees.

Teised kaalukad teosed samalt autorilt

Taevas I

Üksikasjalik nägemus imepärasest keskkonnast, mida taevased elanikud naudivad ja kaunis kirjeldus Taevase Kuningriigi erinevatest tasanditest

Taevas II

Üksikasjalik nägemus imepärasest keskkonnast, mida taevased elanikud naudivad ja kaunis kirjeldus Taevase Kuningriigi erinevatest tasanditest

Minu elu ja mu usk I

Dr. Jaerock Lee's autobiograafiline raamat pakub lugejatele kõige hurmavamat vaimulikku elamust, viies lugeja läbi tema elust, mida Jumal igal sammul nii lõhnava armastuse kui tumedate lainete, raske ikke ja sügavaima meeleheitega vürtsitanud on.

Minu elu ja mu usk II

Dr. Jaerock Lee's autobiograafiline raamat pakub lugejatele kõige hurmavamat vaimulikku elamust, viies lugeja läbi tema elust, mida Jumal igal sammul nii lõhnava armastuse kui tumedate lainete, raske ikke ja sügavaima meeleheitega vürtsitanud on.

Põrgu

Tõsine sõnum kogu inimkonnale Jumalalt, kes soovib, et ükski hing ei sattuks põrgusügavustesse! Te leiate mitte kunagi varem ilmutatud ülevaate surmavalla ja põrgu julmast tegelikkusest.

www.urimbooks.com

www.ingramcontent.com/pod-product-compliance
Lightning Source LLC
LaVergne TN
LVHW012013060526
838201LV00061B/4284